图解麻将赢牌技巧

宋高波 编著

人民邮电出版社
北京

图书在版编目（CIP）数据

图解麻将赢牌技巧 / 宋高波编著. -- 北京 : 人民邮电出版社, 2025. -- ISBN 978-7-115-65497-7

Ⅰ. G892.2-64

中国国家版本馆 CIP 数据核字第 2024UB2469 号

内 容 提 要

玩麻将作为一种广受欢迎的休闲娱乐方式，深受大众青睐，特别是在周末与节假日，人们常常会邀请亲朋好友欢聚一堂，除了共享美食外，切磋麻将技艺也成为一项不可或缺的活动。

本书是专为麻将初学者及热爱者量身打造的一本入门级图书，采用直观易懂的图解形式，用通俗易懂的语言全面细致地阐述了麻将的必备知识、攻略和实战常用技巧。

本书案例丰富，讲解详细，真正做到了一看就会，一学就懂。即便是麻将新手也能迅速上手，掌握核心技巧。通过阅读本书，读者将能够充分领略麻将的魅力，体会麻将娱乐活动带来的愉悦和欢乐！

◆ 编　　著　宋高波
责任编辑　林振英
责任印制　彭志环

◆ 人民邮电出版社出版发行　　北京市丰台区成寿寺路 11 号
邮编　100164　　电子邮件　315@ptpress.com.cn
网址　https://www.ptpress.com.cn
北京虎彩文化传播有限公司印刷

◆ 开本：880×1230　1/32
印张 4.625　　2025 年 4 月第 1 版
字数：161 千字　　2025 年 10 月北京第 3 次印刷

定价：25.00 元

读者服务热线：(010)81055296　印装质量热线：(010)81055316
反盗版热线：(010)81055315

目录

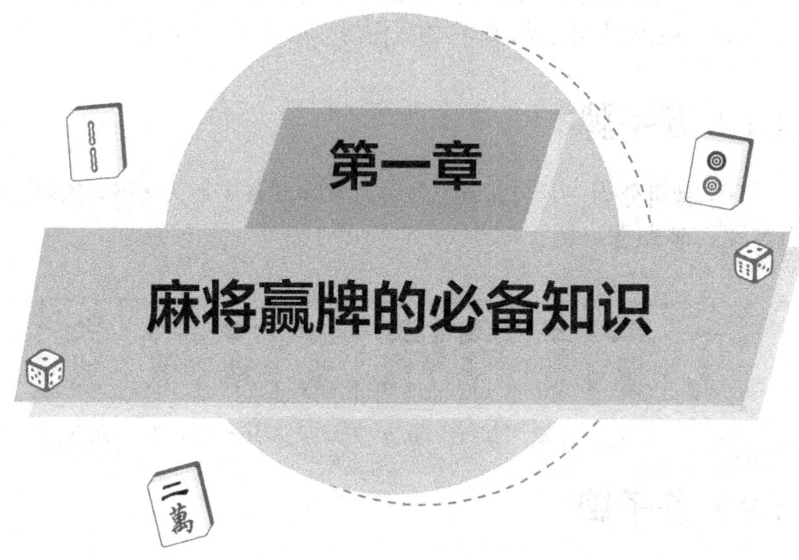

第一章 麻将赢牌的必备知识

一、麻将的组成

一副完整的麻将通常由筒子牌、条子牌、万字牌、风牌以及三元牌组成。除了这些基本牌型，部分地区的麻将玩法中，还会包含春、夏、秋、冬，以及梅、兰、竹、菊这些花牌，每种各 1 张。另外，一副麻将还包含 2 个骰子，它们在游戏中起着不可或缺的作用。在实际玩麻将的过程中，大家通常不需要使用花牌，本书中我们将不再对花牌进行介绍。

（1）万字牌

万字牌可分为一万到九万，每种万字牌都有 4 张完全相同的牌，即万字牌共有 36 张。

（2）条子牌

条子牌可分为一条到九条，每种条子牌都有 4 张完全相同的牌，即条子牌共有 36 张。

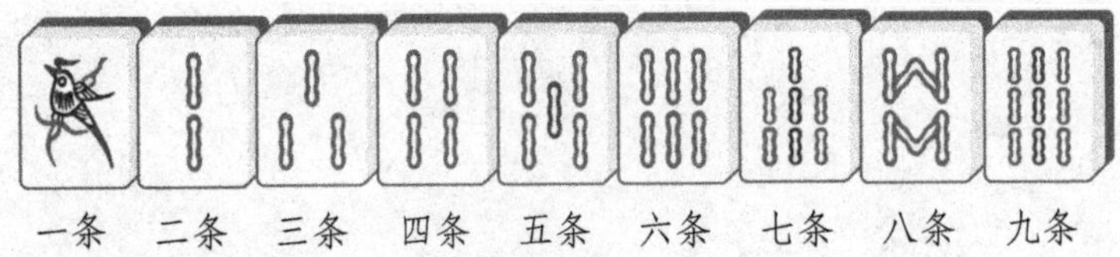

（3）筒子牌

筒子牌又叫作饼子，筒子牌可分为一筒到九筒，每种筒子牌都有 4 张完全相同的牌，即筒子牌共有 36 张。

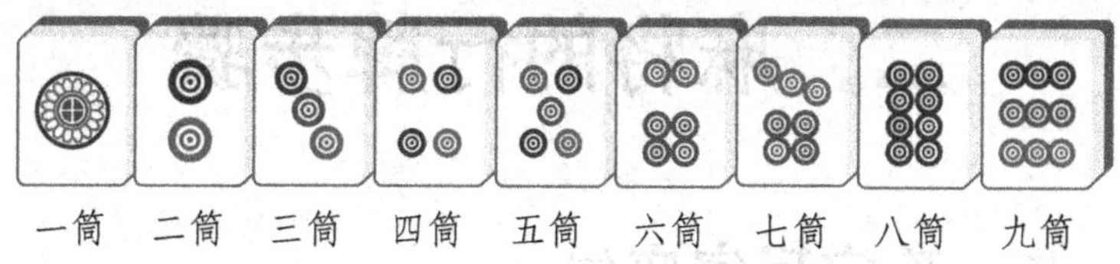
一筒 二筒 三筒 四筒 五筒 六筒 七筒 八筒 九筒

（4）三元牌

三元牌是麻将牌组中的重要组成部分，由红中、发财和白板这 3 种牌型构成，每种牌型均包含 4 张完全相同的牌，即三元牌共有 12 张。

红中 发财 白板

（5）风牌

风牌包括东风、南风、西风和北风这 4 种牌型，每种牌型均有 4 张完全相同的牌，即风牌共有 16 张。

东风 南风 西风 北风

（6）骰子

一副标准的麻将通常包含 2 个骰子，每个骰子有 6 个面，分别刻有从 1 到 6 的点数。这两个骰子的点数通常被用来确定庄家，以及拿牌的起始位置。

骰子

二、麻将的行牌步骤

第一步　确定玩家座位

我们在玩麻将前，首先要确定每个人的座位，即先确定好每个人坐在哪个位置。通常采取骰点法和点数法来确定玩家的位置。

骰点法

骰点法是使用两枚骰子，每人掷 1 次，按两枚骰子合计的点数大小确定位置，不同的点数总和对应不同的座位方向。当两颗骰子的点数总和为 5 或 9 时，该玩家位置不变，所在的位置即为东位；如果点数总和为 2、6 或 10，则坐在南位，即坐在东位的右侧；如果点数总和为 3、7 或 11，则坐在西位，即坐在东位的对面；如果点数总和为 4、8 或 12，则坐在北位，即坐在东位的左侧。如果两人掷骰的点数相同，后掷出的人需要重新掷 1 次。

下图是 4 个人定位时掷的骰子点数，其中 A 玩家的点数是 5，B 玩家的点数是 7，C 玩家的点数是 12，D 玩家的点数是 6，所以 A 玩家坐东位，B 玩家坐西位，C 玩家坐北位，D 玩家坐南位。

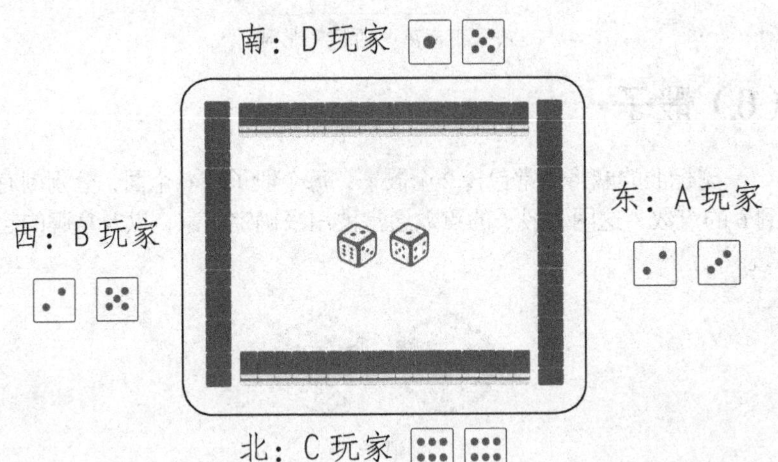

点数法

点数法是用两枚骰子，每人掷 1 次，按两枚骰子合计的点数总和由大到小逆时针排座次。点数最大的先任意选择座位，该座位所在的方位为东，然后按照逆时针方向依次确定为南、西和北。点数总和排第二的坐在南位，点数总和排第三的坐在西位，点数总和最小的坐在北位。如果两人的点数相同，后掷的人需要重新掷 1 次。

下图是 4 个人定位时掷骰子的点数大小，其中 A 玩家的点数是 9，B 玩家的点数是 11，C 玩家的点数是 6，D 玩家的点数是 4。因为 B 玩家的点数最大，所以该玩家可以自由选择座位，即确定东位。

当 B 玩家确定位置后，即可根据每位玩家掷的点数确定位置，即 A 玩家坐在 B 玩家的右侧，C 玩家坐在 B 玩家的对面，D 玩家坐在 B 玩家的左侧。

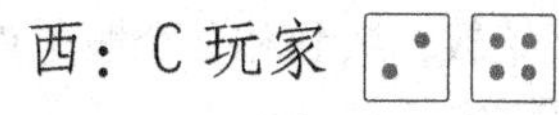

北：D 玩家

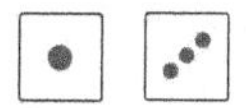

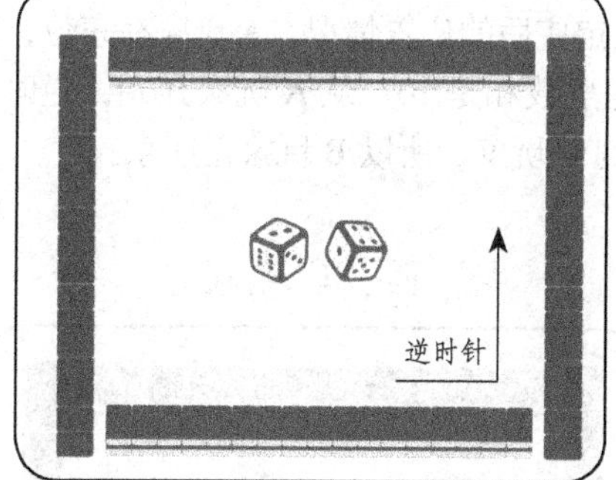

南：A 玩家

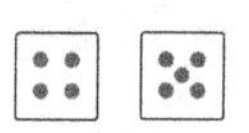

东：B 玩家

第二步　开局时定庄

当确定位置后，接着确定谁是庄家，然后由庄家通过掷骰子确定开牌的牌墙位置，并由庄家第一个开始拿牌。定庄的方法通常有 2 种，分别是用骰子点数确定的位置和用骰子点数的大小来确定。

如果是和亲朋好友玩麻将，也可随便坐，通常是让老者或长者先选位置和坐庄。在后续的玩牌过程中，如果是庄家和牌，则将接着坐庄；如果是其余玩家和牌，则将按逆时针方向，由庄家之后的下一位玩家，即庄家右侧的玩家坐庄。部分地区只是开始时定庄，然后就是谁和牌谁是庄家，不用轮流坐庄。

通过点数确定的位置定庄

该方法通常由坐在东位的人掷骰 1 次，将 2 个骰子点数相加，从东位开始逆时针数数，从 1 开始数，数到和 2 个骰子点数相加后的数字相同时停止，该方位的玩家就是庄家。

下图是 4 个人定庄后的位置情况，A 玩家在东位，由他掷骰子确定庄家。掷 2 个骰子的点数和是 10，从 A 玩家开始，逆时针方向数数，从 1 数到 10 后，刚好到 B 玩家，所以 B 玩家是庄家。

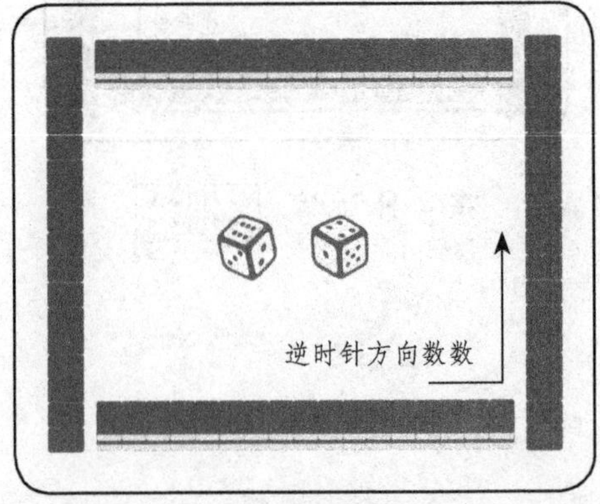

通过点数大小定庄

除了通过点数确定的位置定庄外，还可以通过点数大小定庄。其方法是由 4 个人分别将 2 个骰子掷 1 次，然后记下 2 个骰子的点数之和，点数最大的玩家就是庄家。如果有并列相同的最大点数，由相同点数的玩家各自再掷 1 次骰子，点数大的为庄家。

下图是 4 个人定庄时掷骰子的点数，2 个骰子的点数合计分别是：A 玩家是 4，B 玩家是 7，C 玩家是 11，D 玩家是 9。4 个人中 C 玩家投掷的点数最大，所以 C 玩家是庄家。

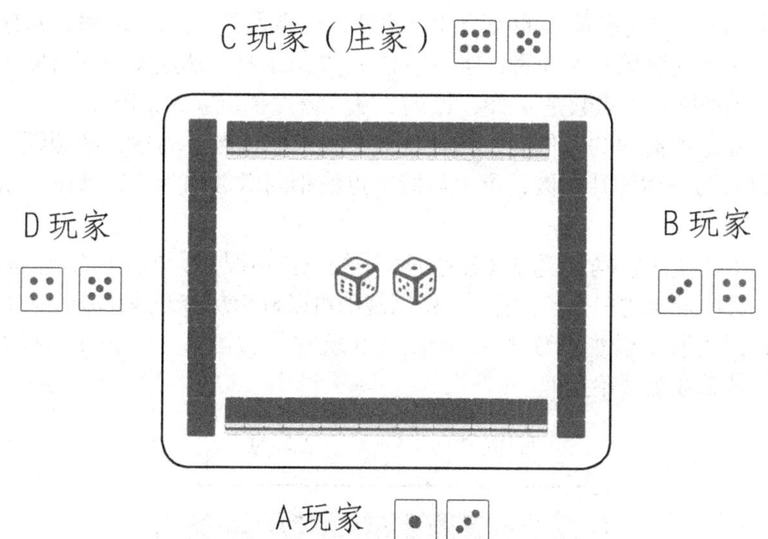

第三步　开局时摸牌

确定好庄家后，由庄家掷骰子，根据 2 个骰子的点数之和确定开局时摸牌的具体位置。然后玩家按照规定顺序和数量轮流摸牌，并将摸起来的手牌进行整理，下面将分别介绍具体的方法。

确定摸牌的位置

确定摸牌位置时，需要确定从哪个玩家的牌墙摸牌，以及从该牌墙的第几墩开始。庄家掷骰子后，先计算 2 个骰子的点数之和，当点数是 5、9 时，从庄家自己前方的牌墙开始摸牌；当点数是 2、6、10 时，从庄家右侧玩家的牌墙开始摸牌；当点数是 3、7、11 时，从庄家对面玩家的牌墙开始摸牌；当点数是 4、8、12 时，从庄家左侧玩家的牌墙开始摸牌。

确定了摸牌的方位后，再根据 2 个骰子中点数小的数，按照顺时针方向从第一墩牌开始数，留出与骰子点数相同墩数的牌后，从下一墩开始摸牌。

下图是庄家确定摸牌位置时掷骰子的点数情况，2 个骰子的点数和是 10，其中最小的一个点数是 4。根据规则可以确定从 B 玩家的牌墙开始摸牌，因为骰子最小点数是 4，所以从 B 玩家的右侧第一墩牌开始数 4 墩后，从第 5 墩开始摸牌。

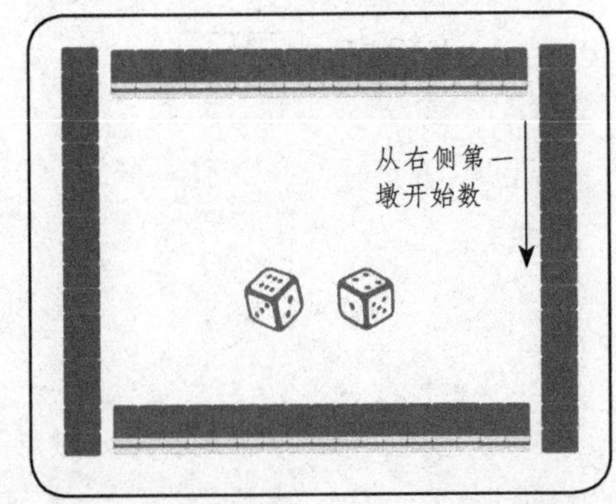

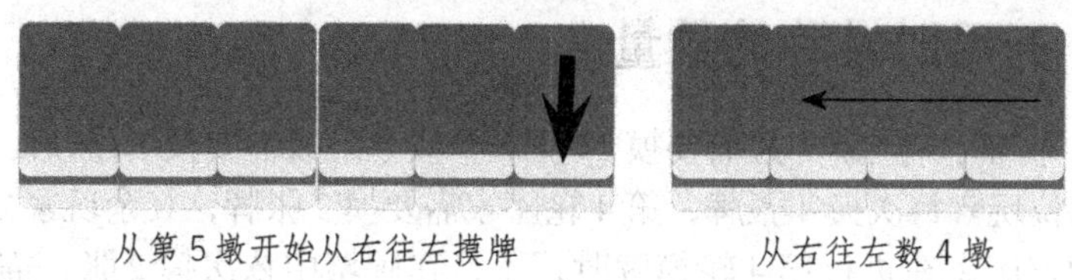

摸牌的顺序

庄家通过掷骰子确定好摸牌的具体位置后，第一个开始摸牌，1 次摸 4 张牌，其余玩家按照逆时针方向依次摸牌，每次同样摸 4 张。在后续的玩牌过程中，也是按照逆时针方向依次摸牌。

下图是玩家按照逆时针方向依次摸牌的示意图。当庄家摸牌后，B 玩家开始摸牌，接着 C 玩家摸牌，最后 D 玩家摸牌。

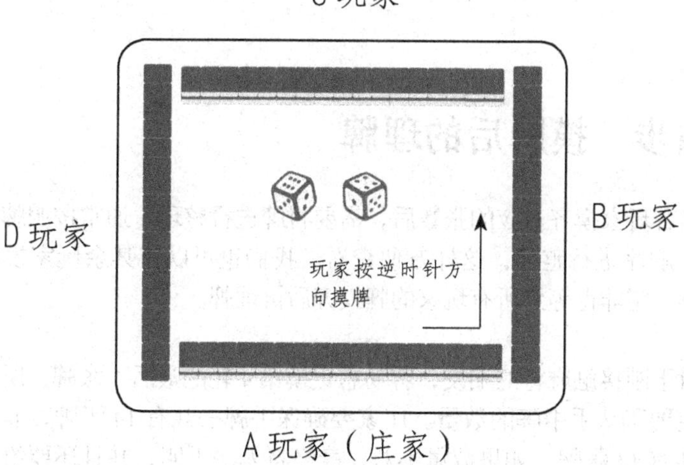

开局时摸牌的数量

开局时，庄家一共需要摸 14 张牌，其余三家需要摸 13 张牌。即前 3 轮每位玩家每次摸 4 张牌，第 4 轮庄家需要摸 2 张牌，其余玩家分别摸 1 张牌。庄家在进行第 4 轮摸牌时，不是在牌墙中依次摸 2 张，需要跳着摸。即当摸完第一张牌后，要隔一墩摸第二张牌。其余玩家仍然是依次从牌墙中摸 1 张牌。通常将庄家的第 4 轮摸牌称为跳牌。

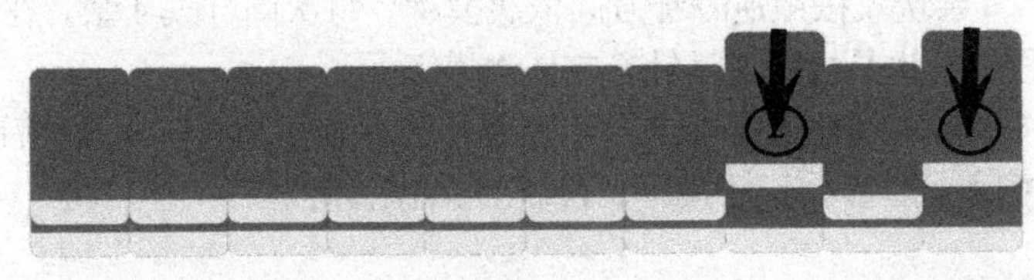

庄家跳牌示意图

第四步　摸牌后的理牌

当各玩家摸齐对应的张数后，需要将牌进行整理，通常按照牌的类别和数字顺序进行整理，这样方便查看。我们也可以在其余玩家摸牌时理牌，不一定非得等到所有玩家的牌摸齐后再理牌。

对于刚接触麻将的朋友，容易忘记摸第 4 轮的最后 1 张牌，所以理牌时一定要确认手中牌的数量。庄家要确保手牌一共有 14 张牌，非庄家手牌一共有 13 张牌。如果数量不对，最终将无法下叫，并且还要给其余玩家支付一定的筹码。

下图是其中一位玩家摸齐了 13 张牌但还未进行理牌时的效果图。

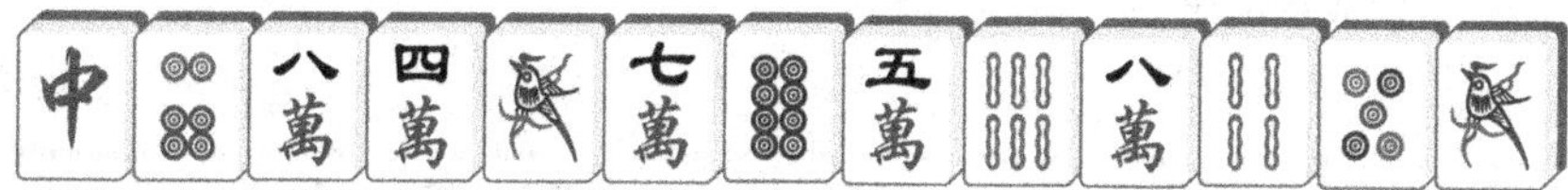

理牌前的效果

刚摸上的手牌通常是不同类别的牌交叉排列，很难直观看清不同类别的牌的数量及组合情况，所以需要整理，将相同类别的牌按照数字顺序排列在一起。整理后，各种牌的数量和组合情况一目了然。如下图所示。

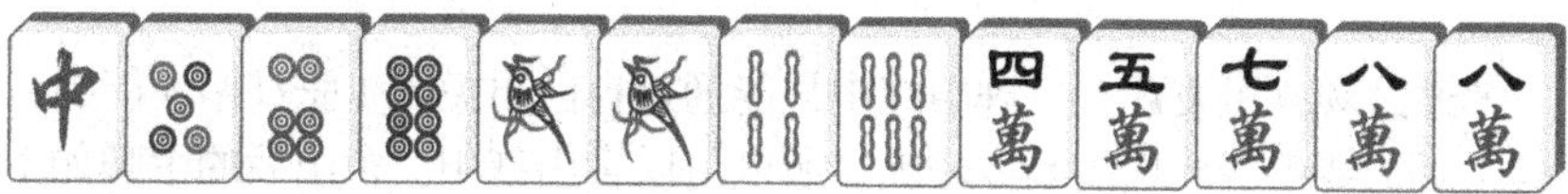

理牌后的效果

第五步 牌型组合

玩牌时，玩家都希望自己能和牌，但和牌前玩家需先将手牌组合成只差 1 张就能组合成“3+3+3+3+2”的牌型（特殊牌型除外）。所以我们在玩牌的过程中，就需要通过摸牌、吃牌、碰牌和杠牌等方式，将手中的牌组合成再入 1 张牌就可以和牌的牌型。

通过摸牌组合

换牌是指按照摸牌规则从牌墙上摸 1 张牌回来，然后再舍出 1 张牌，即通过摸 1 张牌替换手中的 1 张牌。通常舍出的牌是不容易组合成坎的牌，舍出的牌既可以是手中已有的牌，也可以是刚摸回来的那张牌，舍牌后手中的牌的数量不变，仍然是 13 张。

例如，当玩家理牌后，轮到他摸牌时摸回来 1 张五条，因为五条能和手牌中的四条和六条组合成四五六条的顺子，所以需要舍出 1 张手牌中不容易组合成坎的牌。

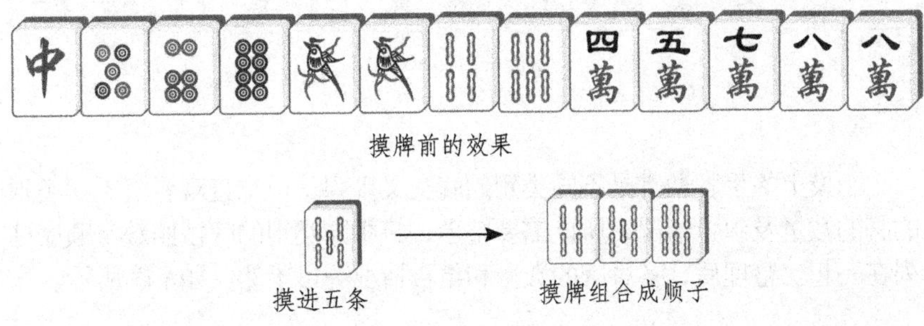

摸牌前的效果

摸进五条　　摸牌组合成顺子

通过观察可发现，手牌中红中只能通过自己再摸入 1 张红中才能组合成 1 对，要组合成坎的难度较大，所以可以舍出红中。舍出后的手牌如下图所示。

舍出红中

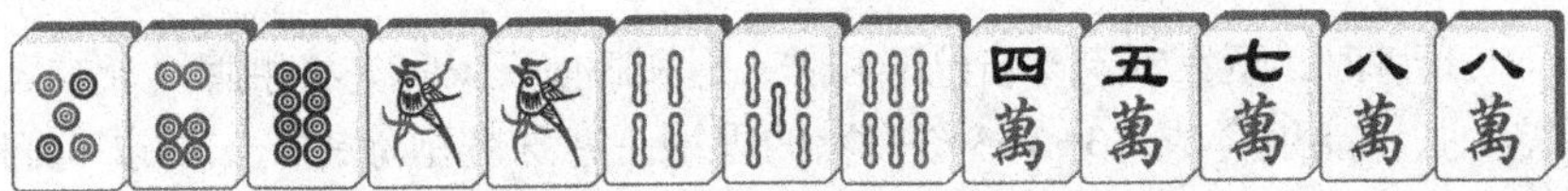

摸牌后的效果

通过吃牌组合

如果我们手中的万字牌、条子牌或筒子牌中有两张顺序相邻或相隔的牌，就可以通过吃上家舍出的牌组合成 1 坎牌。吃牌后，吃进来的 1 张牌与原来的牌组合成顺子，并正面朝上摆放在牌墙前，然后再舍出 1 张牌。注意：吃牌只能吃上家的牌，下家和对家的牌不能吃。

例如，当玩家舍出红中后，轮到上家出牌时，上家舍出了 1 张四筒，因为手牌中已有五筒和六筒，所以可以通过吃牌组合成 1 坎四五六筒的顺子。

吃牌前的手牌如下图所示。

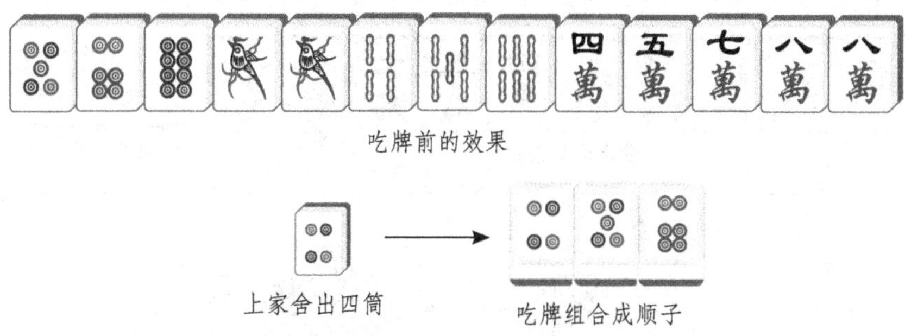

吃牌前的效果

上家舍出四筒

吃牌组合成顺子

当吃进四筒后，将四五六筒平铺展示在牌墙前，然后根据手牌情况，舍出 1 张八筒。舍出后的手牌效果如下图所示。

舍出八筒

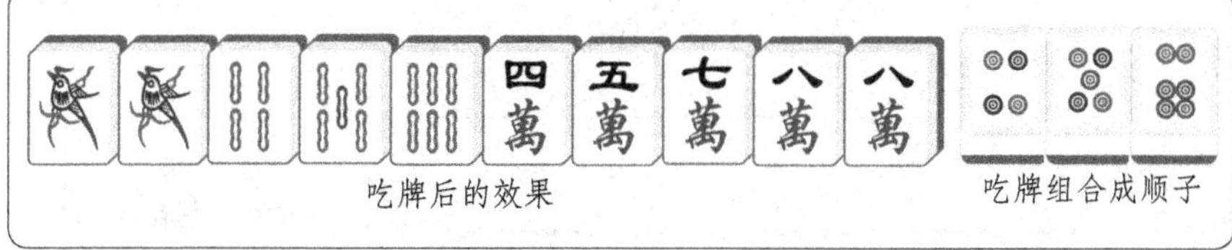

吃牌后的效果

吃牌组合成顺子

▶ 通过碰牌组合

如果我们手中的牌有对子，当其余玩家舍出相同的牌时，我们就可以通过碰牌组合成 1 坎牌。碰进来的 1 张牌与原来的对子组成刻子，碰牌而来的刻子需正面朝上摆放在牌墙前，然后再舍出 1 张牌。注意：如果有玩家要吃上家打出的牌，同时另外的玩家有一对相同的牌需要碰牌，这时需遵循碰牌优先原则，玩家不能吃牌，只能由另一玩家碰牌。

例如，当玩家吃进四筒后，在后续的玩牌过程中有玩家舍出了一条，因为手牌中已有一对一条，所以可以通过碰牌组合成 1 坎刻子。

碰牌前的手牌如下图所示。

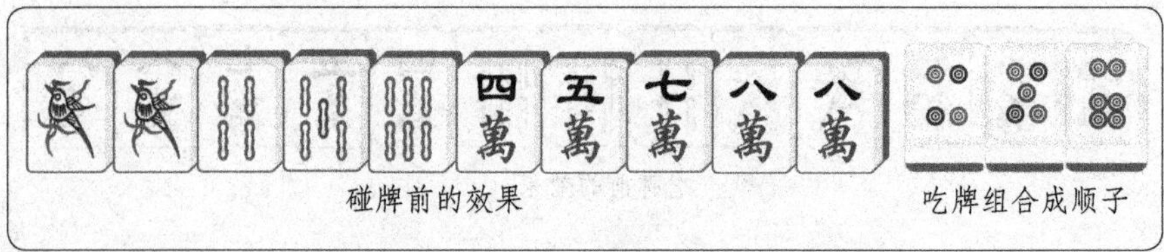

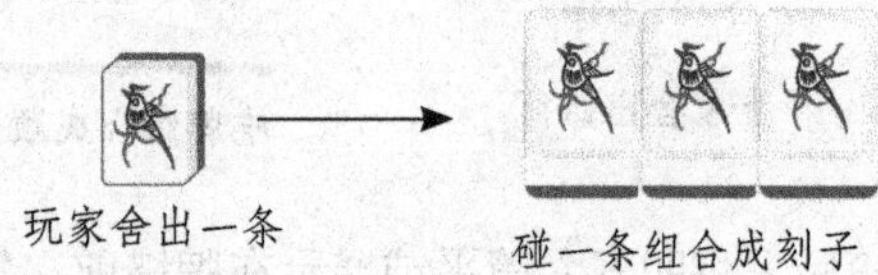

当碰了一条后，玩家根据手牌情况舍出 1 张七万。舍出后的手牌效果如下图所示。

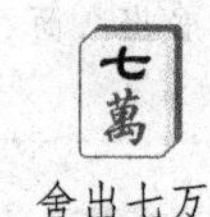

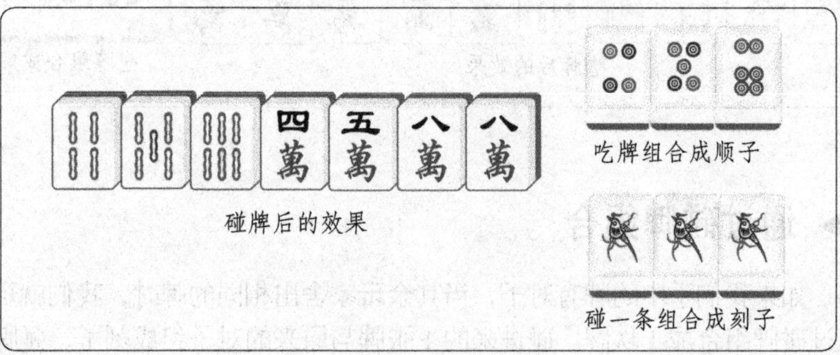

通过杠牌组合

如果手中有 3 张相同的牌，当自己摸到或其余玩家舍出相同的牌时，就可以杠牌，被杠的 4 张牌组成 1 坎，并摆放在牌墙前。杠牌后，需要摸 1 张牌后再舍出 1 张。注意：杠牌后再摸入的那 1 张牌，有的地方规定按之前的摸牌顺序直接摸 1 张，有的地方规定从牌墙的最后摸 1 张，也有的地方规定通过投掷骰子的点数确定摸哪 1 张牌。我们在实际玩牌时，只需按照约定在相应的位置摸牌即可。

杠牌有明杠、暗杠和加杠 3 种情况。当玩家打出 1 张牌后，正好自己手中有 3 张相同的牌，如果杠牌了就叫作明杠；手中有 3 张相同的牌，自己又摸到了 1 张相同的牌后杠牌，这就叫作暗杠；已经碰牌后，自己又摸到了 1 张与碰牌相同的牌，此时可以杠牌，这就叫作加杠。

例如，当玩家碰了一条后，在后续的玩牌过程中又摸入了一条，就可以加杠一条。

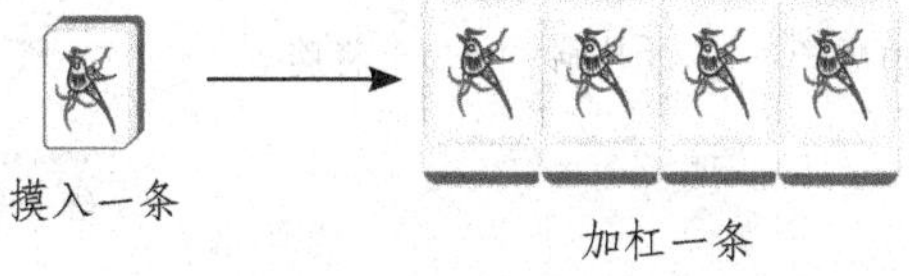

加杠一条后，玩家需要再次摸入 1 张牌，然后舍 1 张牌。例如，玩家摸入了 1 张一筒，根据手牌情况，一筒与手牌无法组合，所以直接舍出。舍出后，玩家手牌一共是 14 张，其效果如下图所示。

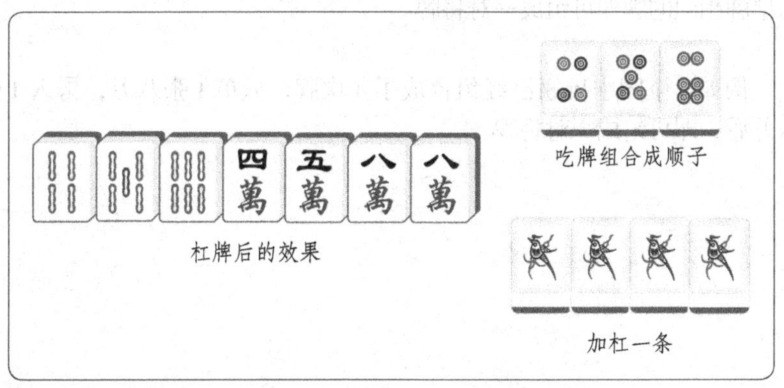

第六步　听牌

听牌也叫“下叫”，是指通过摸牌、吃牌、碰牌、杠牌等方式将牌型组合成再入 1 张就可以和牌的牌型。

例如，当玩家碰了一条舍出七万后，只需要再入 1 张三万或者六万，就可以和牌，所以手牌已经处于听牌状态。

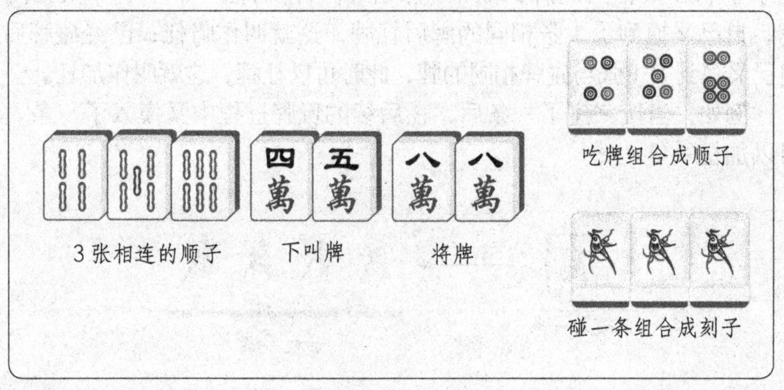

由于和牌时需要有 1 个对子，即要有一对将牌。如果手中的 13 张牌已经组合成了 4 坎牌，只有 1 张单牌，该牌型也已经听牌，只要再入一张与单牌相同的牌即可组成一对将牌。

例如，下图中玩家已经组合成了 4 坎牌，只单 1 张八万，再入 1 张八万后，即可组成一对将牌。

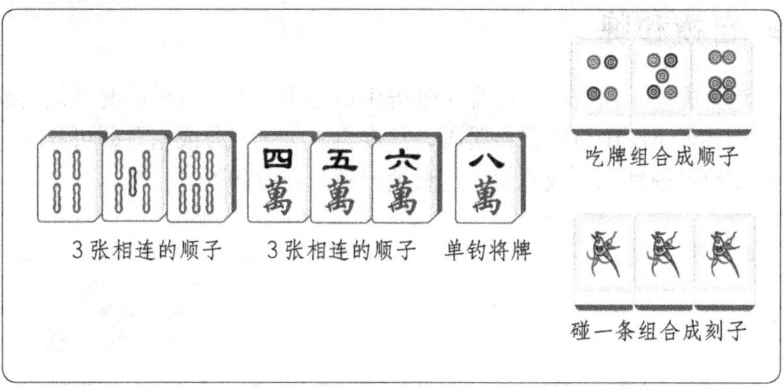

第七步　和牌

在打麻将的过程中，我们常常会听到有人高喊“和了”，“和了”就是指和牌。听牌之后，当其余三家舍出的牌或者自己摸的牌能组合成如下图所示的牌型时，就可以和牌。和牌后，手中的一副牌要能够按照“3+3+3+3+2”的牌型进行组合（特殊牌型除外），这里的“3”可以是3张牌相同的刻子，也可以是顺子或杠，“2”是指2张相同的牌，即将牌。

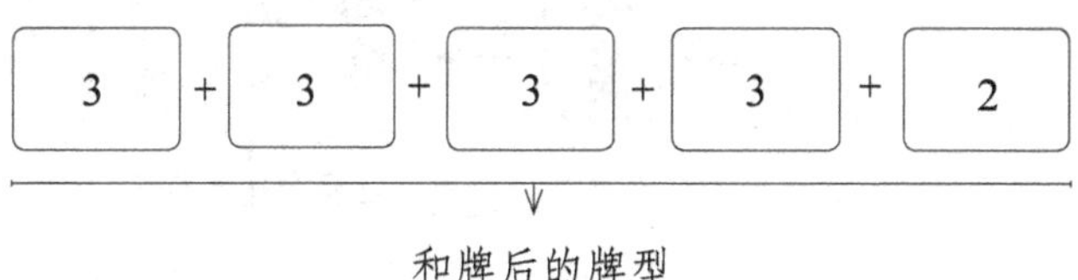

和牌后的牌型

如果和牌后的牌型中的“3”由顺子和刻子组成，手牌共有14张；如果有杠牌，每多1个杠，手牌就会增加1张。

自摸和牌

当听牌后，需要再入的那 1 张牌由自己摸到了，这种情况就是自摸和牌。例如，下图中玩家已经听牌，只要再入 1 张三万或六万即可和牌。如果玩家自己摸到三万或六万，这种情况就是自摸和牌。

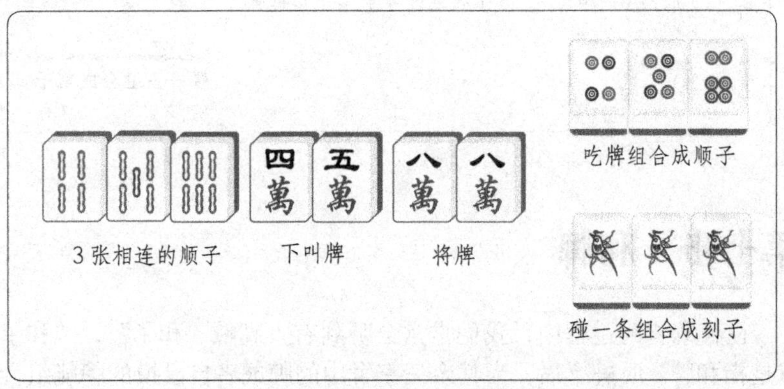

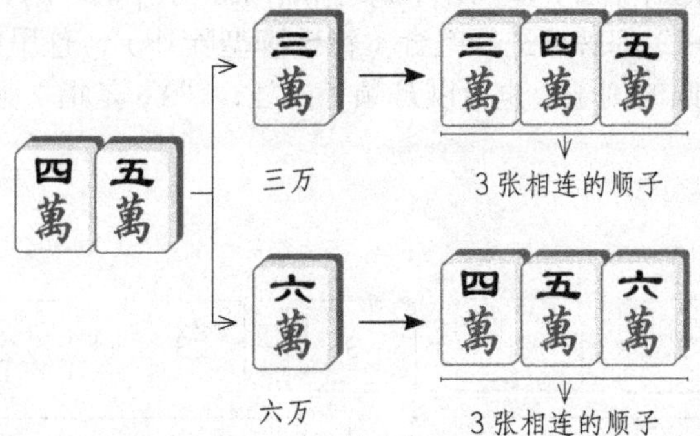

玩家放炮和牌

放炮又叫“点炮”，是指一玩家舍出的牌正好是另一玩家要和的牌，即舍出牌的玩家给和牌的玩家放炮。例如在自摸和牌的案例中，如果下叫后由其余玩家舍出了三万或六万，这就是由舍出三万或六万的玩家给和牌的玩家放炮。

杠上花和牌

杠上花和牌是指下叫后手牌中有 1 个刻子，当自己摸到和刻子相同的牌，或者其余玩家舍出与刻子相同的牌时杠牌，杠牌后再摸入的 1 张牌正好是要和的牌，即杠牌后立即自摸和牌。

例如，下图中当玩家加杠一条后，再摸牌时摸入了 1 张三万或六万和牌，这种情况就是杠上花和牌。

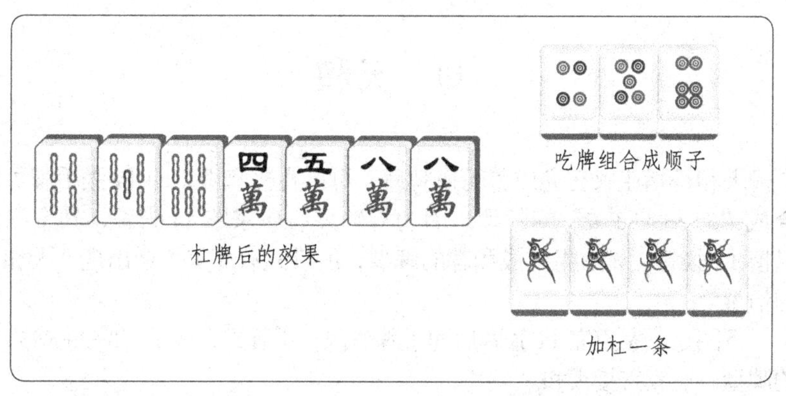

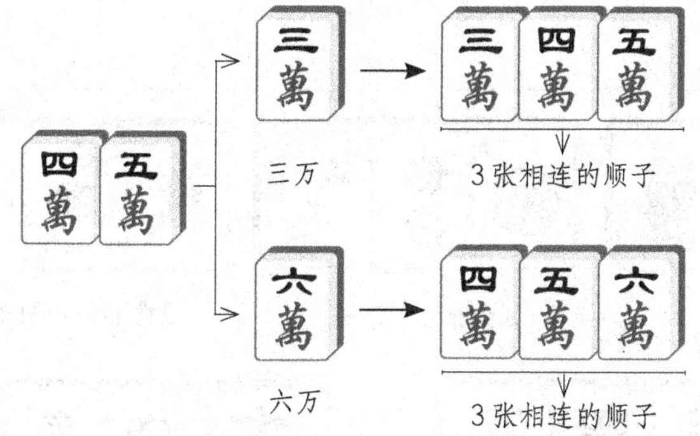

玩家杠上炮和牌

杠上炮和牌是指杠牌后，舍出去的 1 张牌正好是另一玩家要和的牌，即杠牌后给另一玩家放炮了。

三、麻将常见的和牌类型

各地麻将的玩法规则存在差异，不同牌型计算筹码的标准会有所不同。因此，本节将重点介绍一些常见的和牌类型，大家在实际玩牌过程中，要结合当地的规则情况，选择相应的牌型组合策略。

○ 天和

天和是指庄家在完成首轮摸牌后，可以直接和牌，即 14 张手牌可组合成“3+3+3+3+2”的牌型。因为首轮只有庄家拿 14 张牌，其余三家只摸 13 张牌，无法组合成和牌的牌型，所以只有庄家才会出现“天和”的情况。

下图是庄家摸完 14 张牌后的手牌情况，手牌组合成了“3+3+3+3+2”的牌型，庄家直接天和。

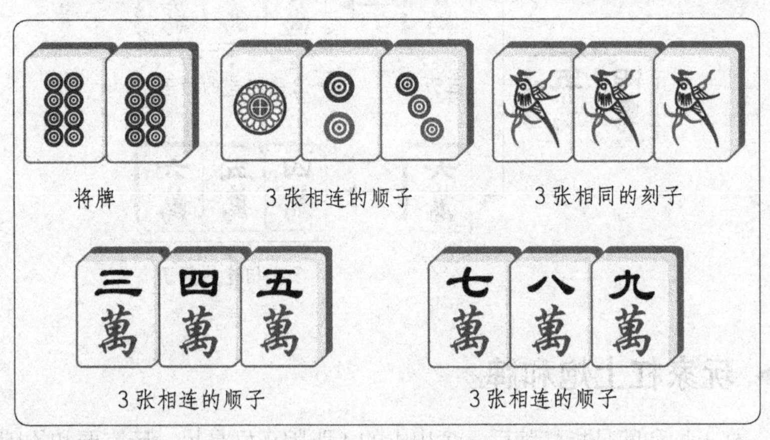

○ 地和

地和是指除庄家外的玩家（闲家）摸完 13 张牌后就已经下叫，第一轮摸牌时就自摸和牌，即闲家第一轮摸牌后就可以组合成“3+3+3+3+2”牌型。

下图是闲家摸完 13 张牌后的手牌情况，该牌型已经下叫。

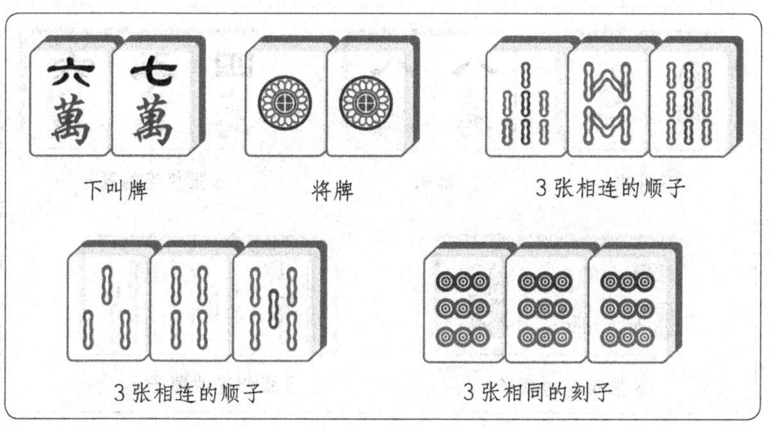

如果第一轮自己摸到了五万或者八万和牌，即称地和。

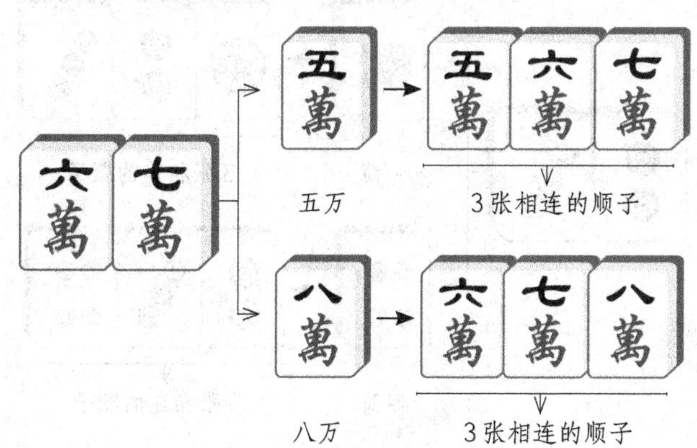

○ 人和

人和是指除庄家外的玩家（闲家）摸完 13 张牌后就已经下叫，第一轮就由其他玩家放炮，即闲家第一轮就可以通过其余玩家的舍牌组合成“3+3+3+3+2”的和牌牌型。

下图是闲家摸完 13 张牌后的手牌情况，该牌型已经下叫。

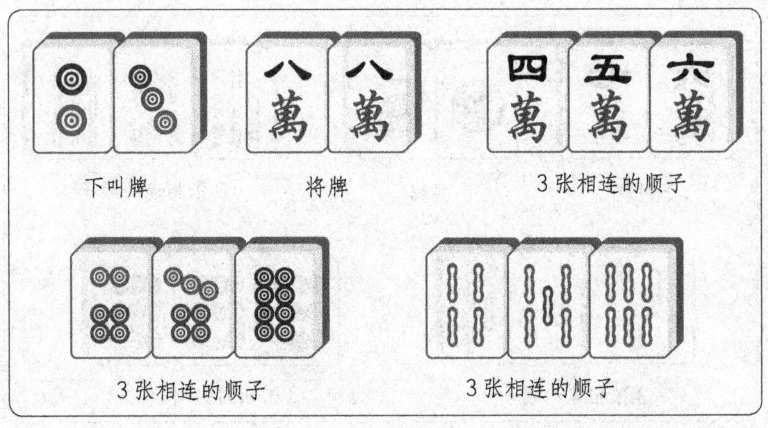

如果第一轮有闲家在其余玩家舍出一筒或者四筒后和牌，即称人和。

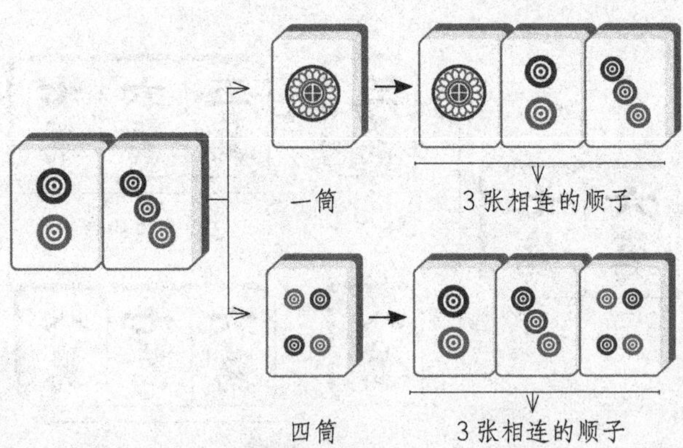

○ 绝张

如果下叫后，要和的牌已经碰牌，或者有 3 张已经出现在牌池中，只有 1 张牌还没有出现，这张未出现的牌就是绝张。例如，玩家下叫五八万，牌池中已经出现了 4 张五万，另一玩家已经碰了八万。要和的五、八万只剩 1 张八万没有出现，这张八万就是绝张。

下图是玩家下叫后的牌型，和六、九筒。

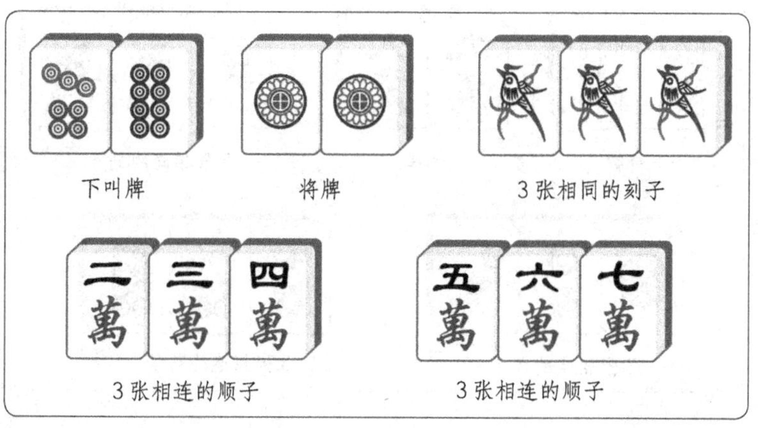

牌池中六筒已经出现了 4 张，九筒也被其中一玩家碰牌，所以和九筒的机会只有 1 次。当玩家摸到九筒或其余玩家舍出九筒后，即可和绝张九筒。

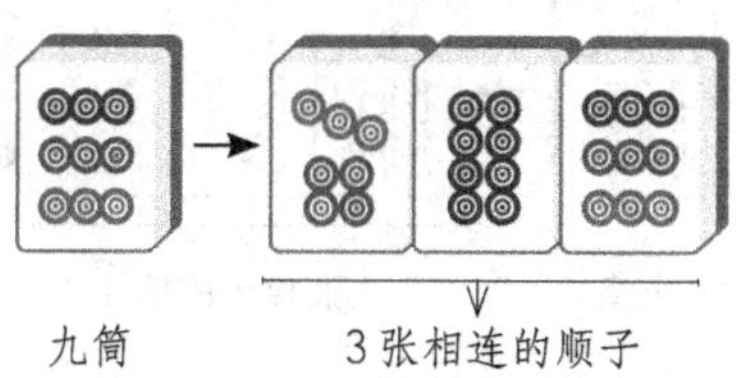

○ 边张

边张是指序数为 3 和 7 的牌。例如下叫牌的序数是 1 和 2，和牌需要序数牌 3，或下叫牌的序数是 8 和 9，和牌需要序数牌 7，序数牌 3 和 7 就是边张。

下图是玩家下叫后的牌型，和七条。

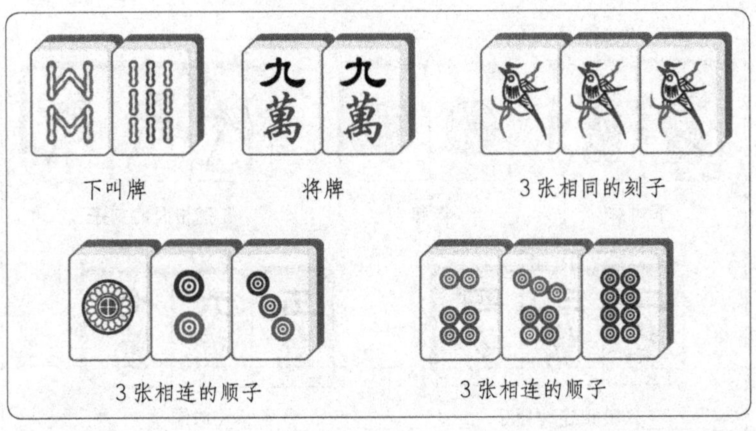

当玩家摸到七条或者其余玩家舍出七条时，就可以和边张 7 条。

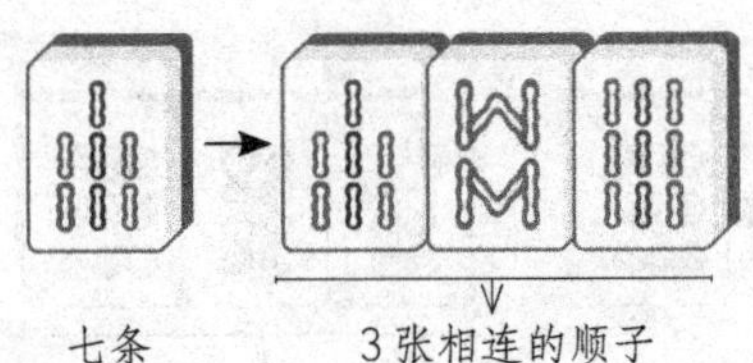

○ 嵌张

嵌张也称为坎张，是顺子中缺少的、位于中间位置的那张牌。例如，手中有四万和六万，和五万可组合成四五六万的顺子，五万就是嵌张。

下图是玩家下叫后的牌型，和嵌张六万。

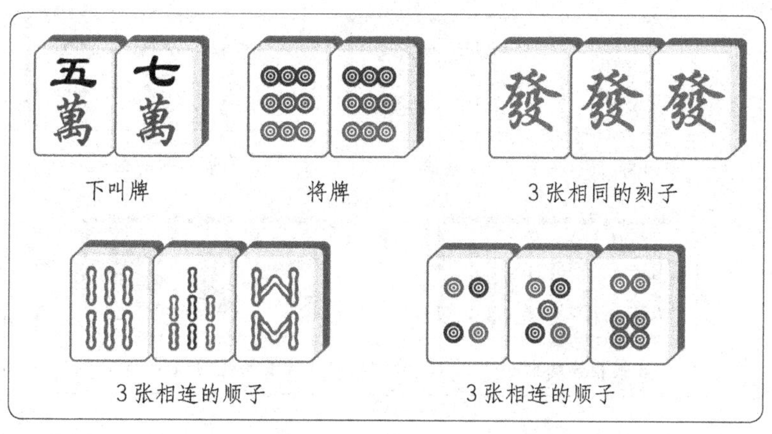

当玩家自己摸到六万或者其余玩家舍出六万后，即可和嵌张六万。

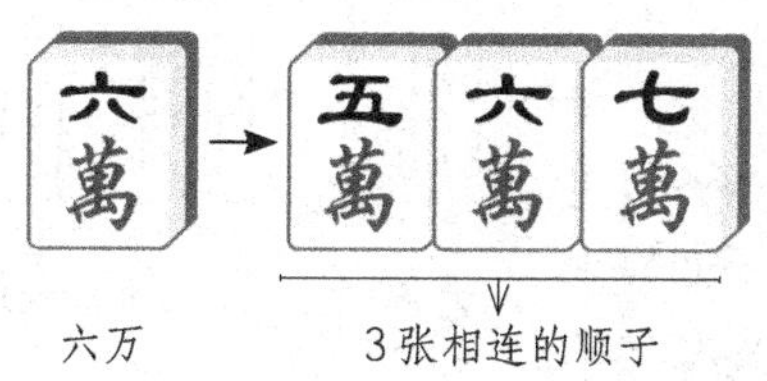

○ 全大

全大牌型是指和牌后，手中的牌无论是顺子、刻子、杠子或将牌，其序数都大于 6，即由七、八、九的筒子、万字或条子组成。

下图是玩家下叫后的牌型，和六、九条。

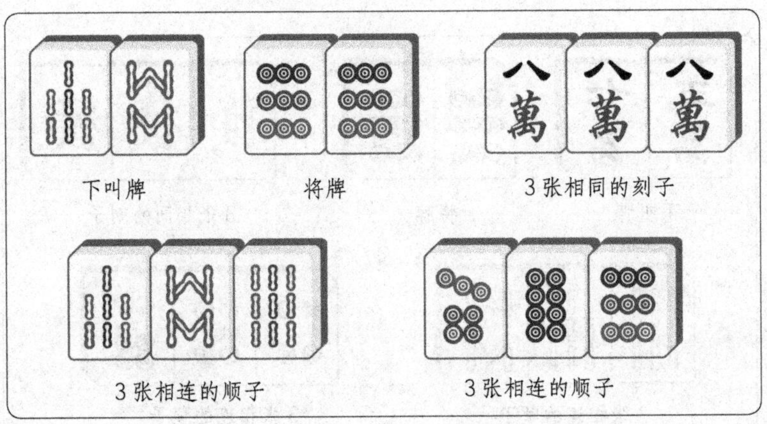

当玩家摸到六条或九条，或者是其余玩家舍出六条或九条时，都可以和牌。和九条时，手牌中所有牌的序数都大于 6，所以该牌型是全大；和六条时，该牌型不满足所有牌的序数都大于 6 的条件，所以不是全大牌型。

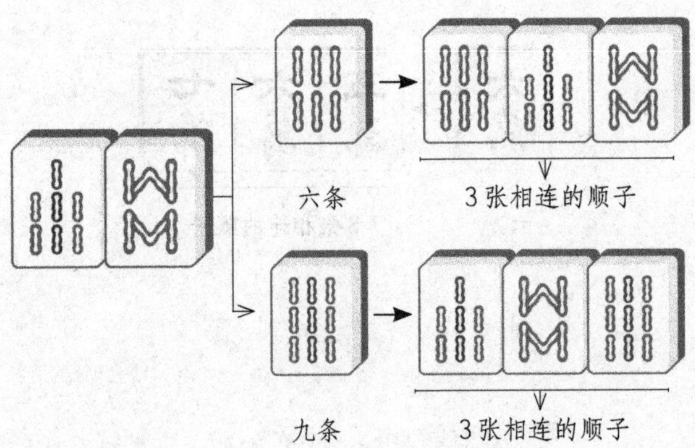

○ 全小

全小牌型是指和牌后，手中的牌无论是顺子、刻子、杠子或将牌，其序数都小于 4，即由一、二、三的筒子、万字或条子组成。

下图是玩家下叫后的牌型，和一、四筒。

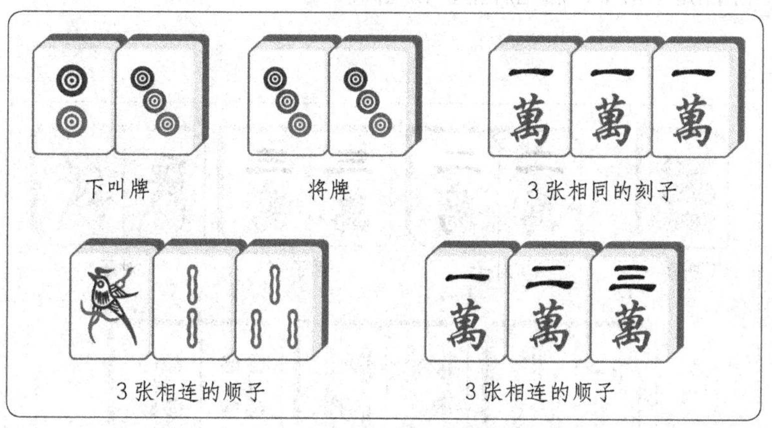

当玩家摸到一筒或四筒，或者是其余玩家舍出一筒或四筒时，都可以和牌。和一筒时，手牌中所有牌的序数都小于 4，所以该牌型是全小；和四筒时，该牌型不满足所有牌的序数都小于 4 的条件，所以不是全小牌型。

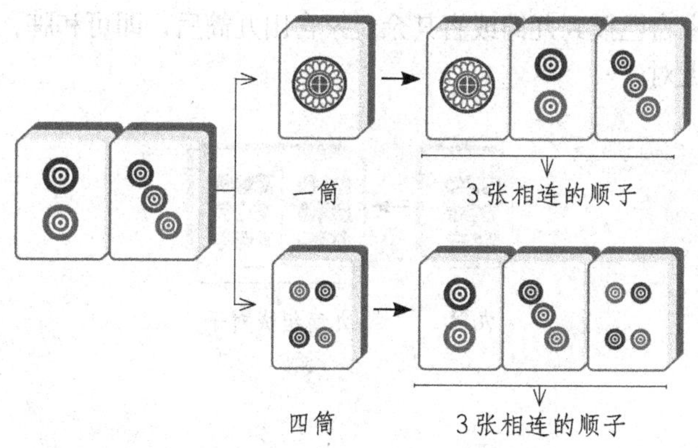

○ 七对

七对是指和牌后手牌由 7 个对子组成。七对是比较特殊的类型。如果七对中有两对是相同的牌，即有 4 张牌相同，叫作“豪七对”；如果七对全部由筒子、条子或万字中的一种组成，叫作“清七对”。

下图是七对下叫后的牌型，和九筒。

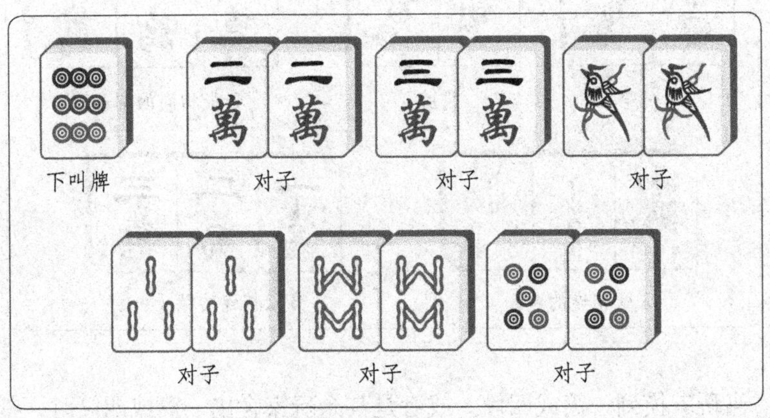

当玩家自己摸到九筒或者其余玩家舍出九筒后，即可和牌，和牌后的牌型就是七对。

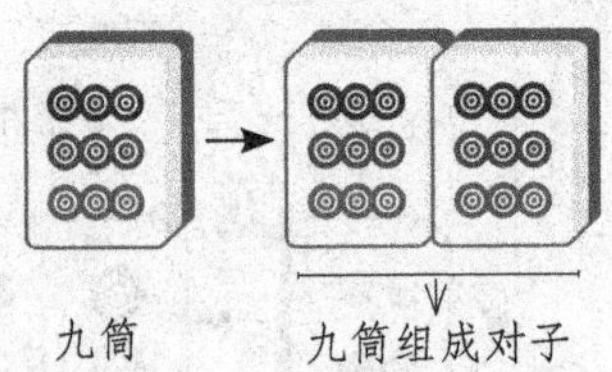

○　大对子

大对子也称对对和或碰碰和，是一种特定的牌型组合。和牌后，手牌由一对将牌以及 3 张相同的刻子或 4 张相同的杠牌组成，没有顺子。所以大对子牌型下叫后，有两个对子，可以将任何一个对子作为下叫牌，将另一个对子作为将牌。

下图是玩家下叫后的牌型，和八万、一筒。

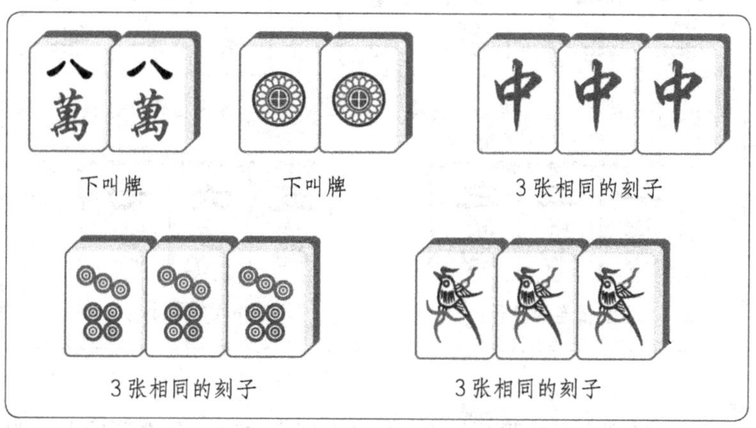

当玩家自己摸到八万或一筒，或者是其余玩家舍出八万或一筒后，即可和牌，和牌后的牌型就是大对子。

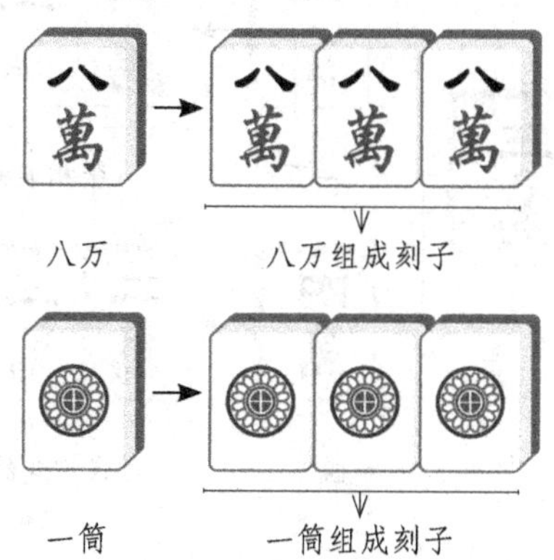

○ 清一色

清一色是指由一种花色的序数牌组成的和牌牌型。和牌后，手牌只能由筒子、条子或万字中的一种花色组成。

下图是玩家下叫后的牌型，和一、四万。

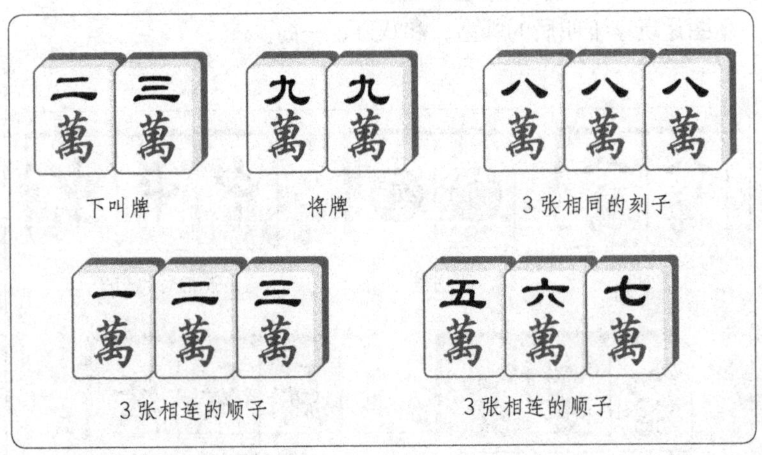

当玩家摸到一万或四万，或者是其余玩家舍出一万或四万时，都可以和牌，因为手中的牌都是万字牌，所以该牌型是清一色。

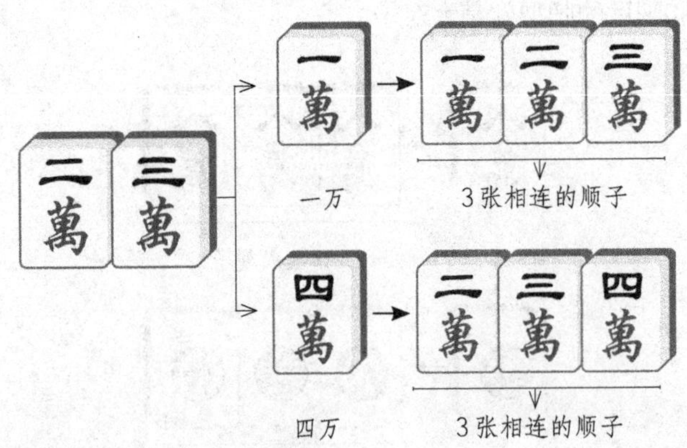

○ 混一色

混一色是指由一种花色的序数牌，以及东风、南风、西风、北风、红中、发财和白板中的任意牌组成的和牌牌型，即由筒子、条子或万字中的一种花色和三元牌、风牌组成的和牌牌型。

下图是玩家下叫后的牌型，和五、八条。

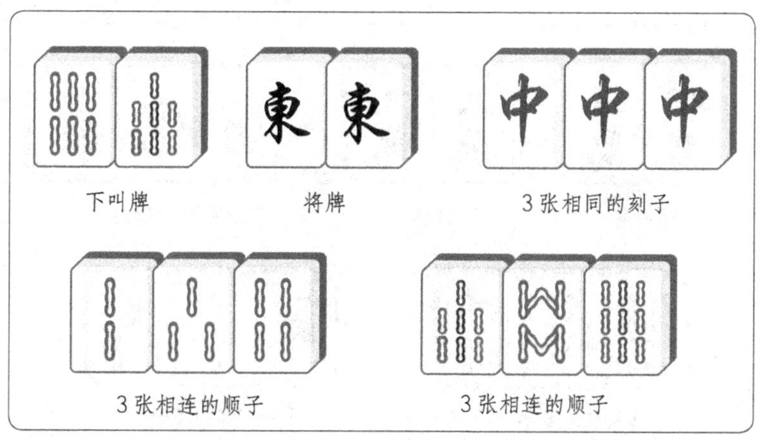

当玩家摸到五条或八条，或者是其余玩家舍出五条或八条时，都可以和牌，因为手牌中的序数牌只有一种花色，所以该牌型是混一色。

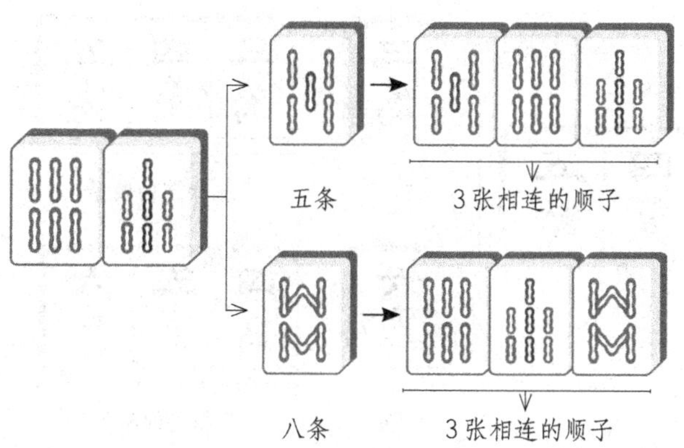

○ 门前清

玩家在和牌时没有吃牌、碰牌和明杠，手牌都由自己摸牌而来，如果下叫后和了其余玩家打出的牌，就叫作“门前清”，如果自摸和牌，就叫作“不求人”。

下图是玩家下叫后的牌型，和三、六万。

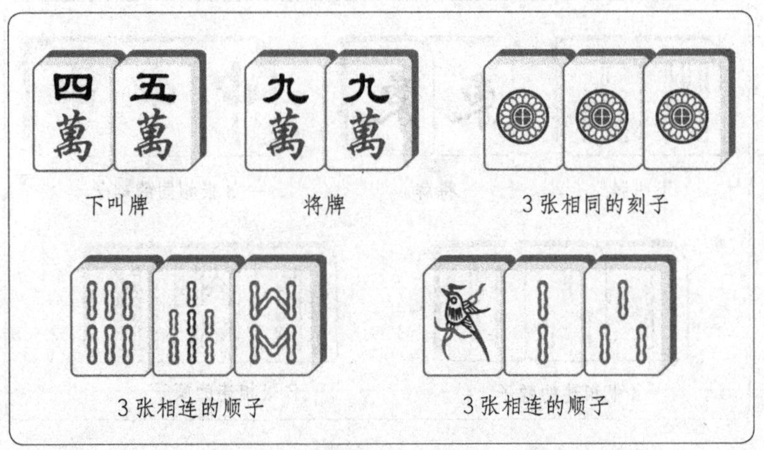

当其余玩家舍出三万或六万时，和牌后就是“门前清”。如果是玩家自己摸到了三万或六万，和牌后就是“不求人”。

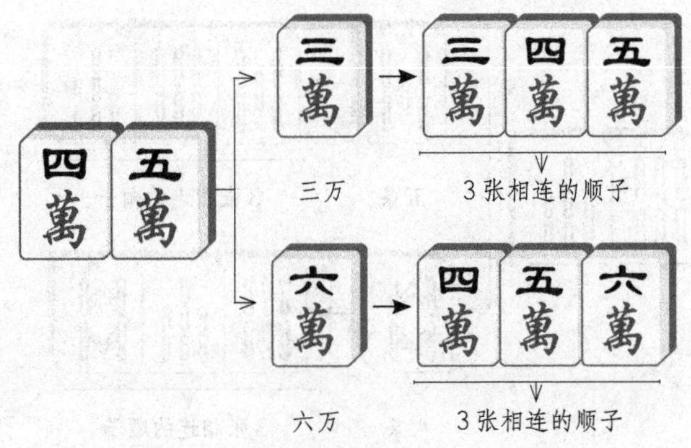

○ 全求人

玩家通过吃牌、碰牌、杠牌等方式，使自己的 4 坎牌亮明，最后单钓将牌，如果由其余玩家放炮和牌就叫“全求人”，如果是自摸和牌就不叫“全求人”。

下图是玩家下叫后的牌型，单钓一条。

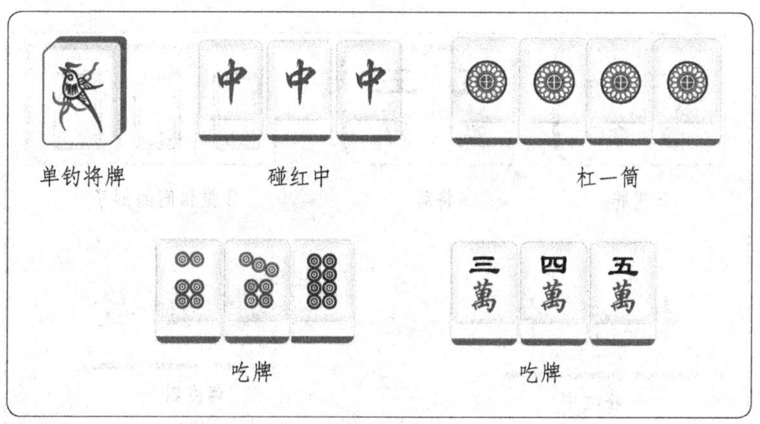

当其余玩家舍出一条时，和牌后就是“全求人”。如果是玩家自己摸到了一条，和牌后就不是“全求人”。

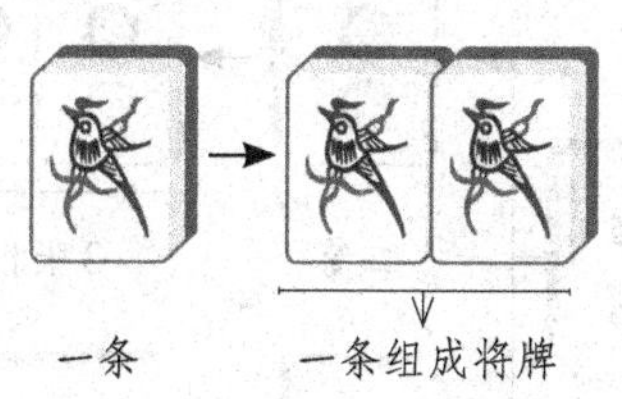

○ 大三元

大三元是指包括红中、发财、白板 3 坎牌的和牌牌型。红中、发财、白板 3 坎牌可以由碰牌或杠牌而来。

下图是玩家下叫后的牌型，含有白板、红中和发财 3 坎牌，和二、五筒。

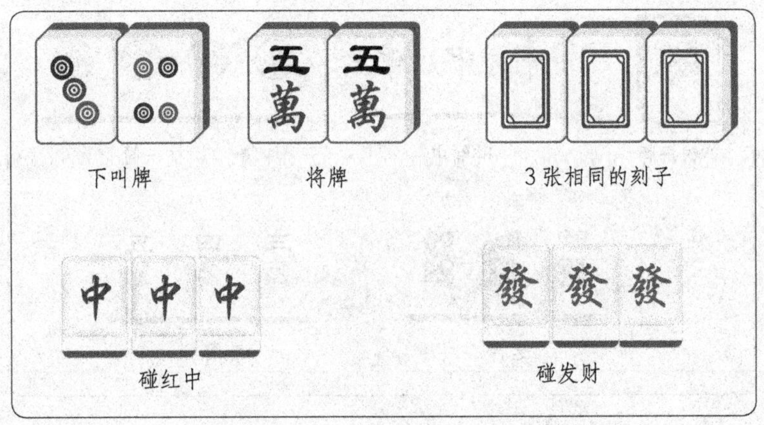

当玩家摸到二筒或五筒，或者是其余玩家舍出二筒或五筒时，都可以和牌，和牌后的牌型就是大三元。

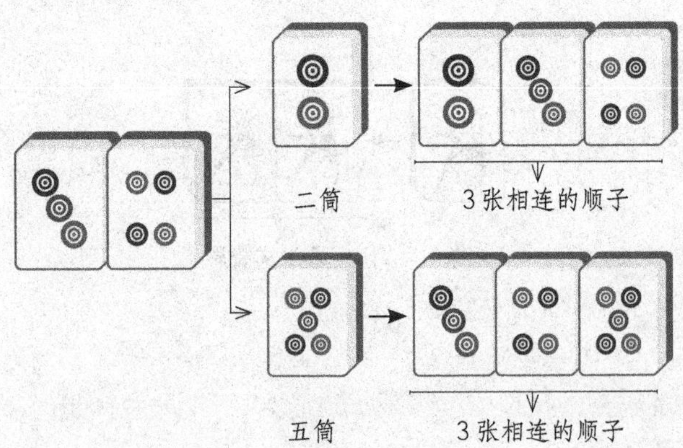

○ 小三元

小三元是指将牌必须是三元牌，并且手牌中还需要包含 2 坎三元牌，即和牌后除将牌是三元牌外，组合成坎的牌还需要包含 2 种三元牌。

下图是玩家下叫后的牌型，将牌是一对白板，并含有红中和发财 2 坎牌，和四、七条。

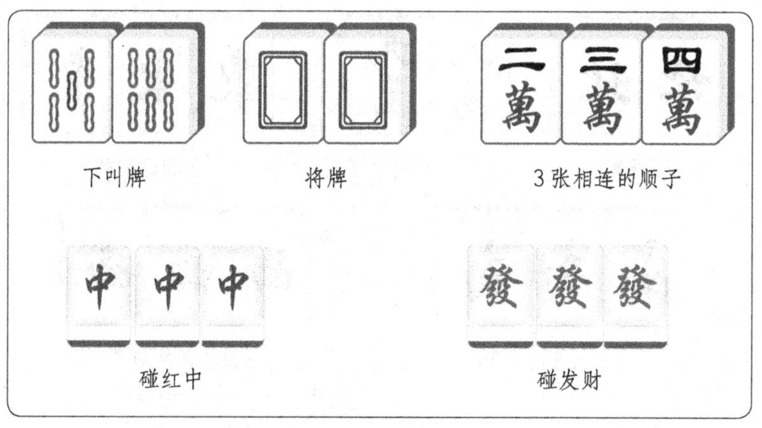

当玩家摸到四条或七条，或者是其余玩家舍出四条或七条时，都可以和牌，和牌后的牌型就是小三元。

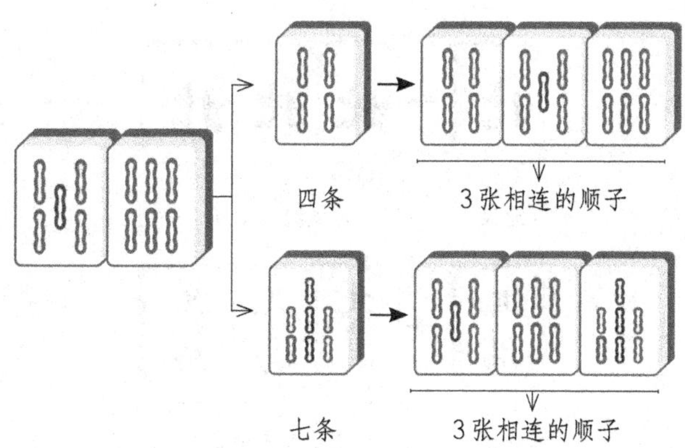

○ 大四喜

大四喜是指和牌后手牌中有东风、南风、西风和北风 4 坎牌，以及任意一对将牌，其中这 4 坎牌可以是刻子，也可以是杠牌。

下图是玩家下叫后的牌型，有东风、南风、西风 3 坎牌，以及一对北风和一对九万，和北风、九万。

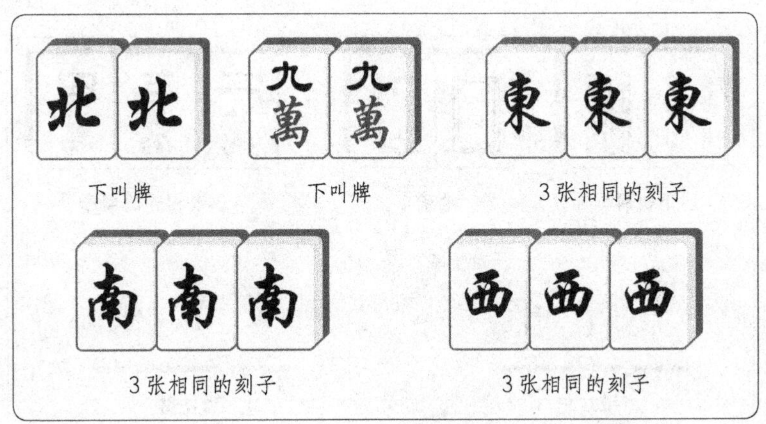

当玩家摸到北风或九万，或者是其余玩家舍出北风或九万时，都可以和牌。如果是和北风，和牌后的牌型是大四喜；如果是和九万，其牌型不是大四喜。

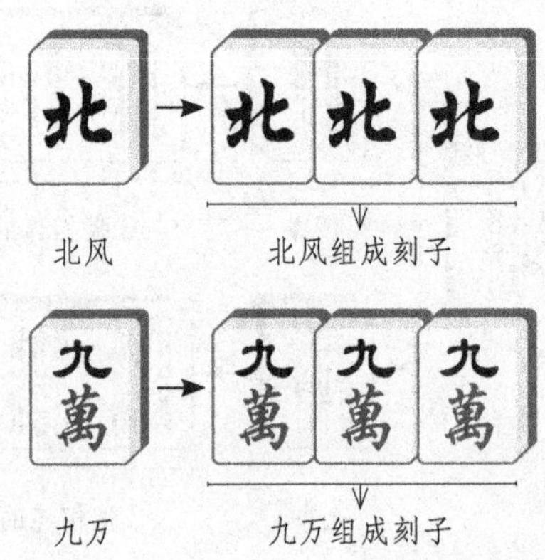

○ 小四喜

小四喜是指和牌后手牌中有东风、南风、西风和北风中的 3 种组成的 3 坎牌，以及由剩余 1 种风牌组成的将牌，另一坎牌则可以是其他牌。其中由风牌组成的 3 坎牌可以是刻子，也可以是杠牌。

下图是玩家下叫后的牌型，将牌是一对东风，另外 3 坎牌由南风、西风和北风组成，和三、六万。

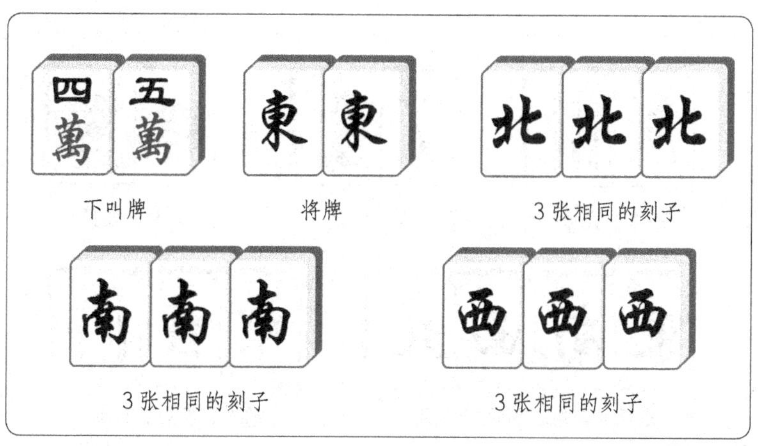

当玩家摸到三万或六万，或者是其余玩家舍出三万或六万时，都可以和牌，和牌后的牌型是小四喜。

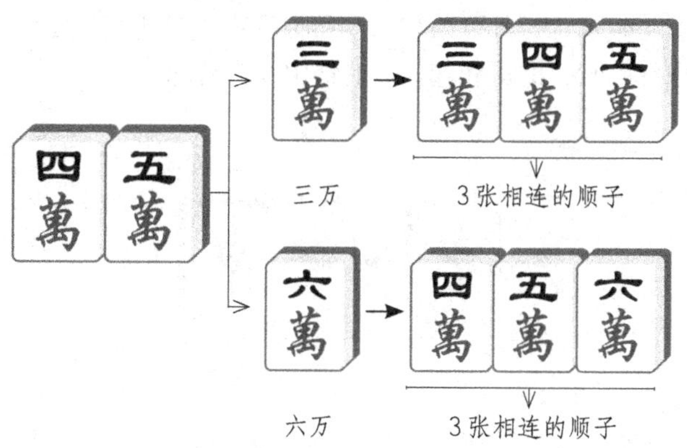

○ 十三幺

十三幺是指手牌由一条、九条、一万、九万、一筒、九筒、东风、南风、西风、北风、红中、发财、白板这 13 种牌组成，除一对将牌外，其余的牌都只有 1 张。

下图是玩家下叫后的牌型，手牌中的 13 张牌都是单牌，序数牌只有 1 和 9，包含所有风牌和三元牌。和这 13 张牌中的任意 1 张牌。

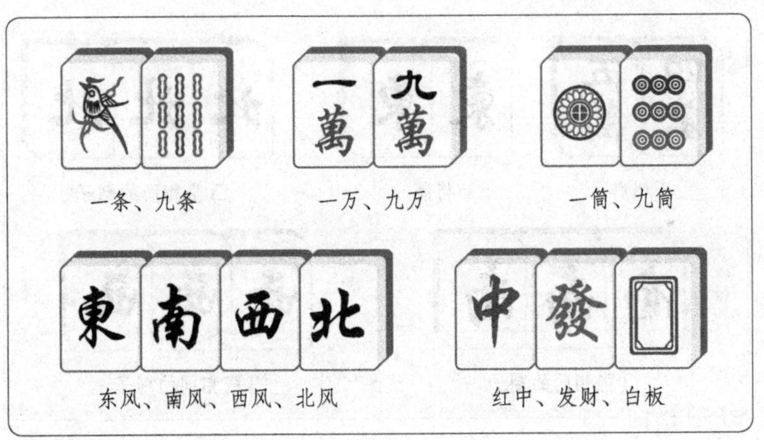

当玩家摸到这 13 张牌中的任意 1 张牌，或者是其余玩家舍出这 13 张牌中的任意 1 张牌时，都可以和牌，和牌后的牌型是十三幺。例如，当其余玩家舍出红中时，即可和牌，一对红中作为将牌。

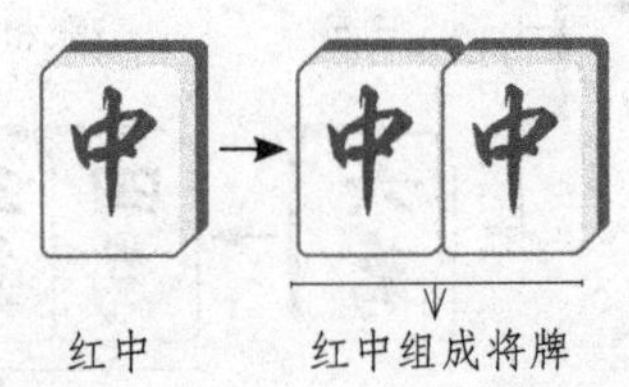

四、常见牌型的数番方法

我们玩麻将时，通常会先确定一个筹码的支付标准。需要事先约定清楚，哪些牌型需要加番，以及分别是多少番，并且约定几番封顶。当约定好封顶的番数后，累计番数超过约定的封顶番数后，也只需支付约定的封顶番数对应的筹码。

《中国麻将竞赛规则》认定的番种有 81 种。不同地区算番的花型可能会不一样，本节只介绍最常见的花型和牌后的算番方法。我们在和别人玩牌之前，可以事先约定哪些牌型和牌后才能算番，同时约定好封顶的番数，通常约定为 3 番封顶，即无论玩家牌型番数有多大，最多按照 3 番支付筹码，这样也可以避免出现筹码太大的情况。

本节将以基础筹码是 1 为例，介绍常见牌型的的算番方法。比如平和支付的筹码是 1，如果加 1 番，其支付筹码将变为 2（1×2）；如果加 2 番，其支付筹码将变为 4（1×2×2）；如果加 3 番，其支付筹码将变为 8（1×2×2×2），以此类推。假如我们玩牌约定的基础筹码是 5，加 1 番的筹码将是 10（5×2），加 2 番的筹码是 20（5×2×2），加 3 番的筹码是 40（5×2×2×2）。

通常放炮后，由放炮的玩家给和牌的玩家支付对应的筹码，其余玩家不用给和牌的玩家支付；如果是自摸，另外三家都需要给和牌的玩家支付对应的筹码，具体支付多少，需要根据当地的规则确定，有些地方自摸后只增加一个基础筹码，有些地方自摸后要增加 1 番。本节在计算筹码时，约定自摸既不增加基础筹码，也不增加番数。

常见的和牌情况有以下几种，本节将介绍这些牌型的数番方法。

平和：只要没有在约定的算番牌型中，和牌后都算平和。

大对子：和牌后牌型由 4 坎刻子和 1 对将牌组成。

带杠和：和牌后牌型组合中带杠牌。

杠上炮：杠牌后就给别人放炮。

杠上花：杠牌后就自摸和牌。

抢杠：和牌玩家加杠的牌。

带根和：和牌后手牌中有 4 张相同的牌，但是这 4 张牌分别在 2 坎牌中。

清一色：和牌后手牌中只有 1 种花色的牌。

七对：和牌后牌型由 7 个对子组合而成。

（1）不用加番的平和牌型

平和是指和牌后没有番，即除约定要加番的牌型外，其余所有牌型和牌后都算平和，和牌后输家只向赢家支付基础筹码。

例如，我们约定的基础筹码是 1，当玩家和牌后，输家只需向玩家支付 1 个筹码。如果赢家是自摸和牌，另外三家均向赢家支付 1 个筹码；如果是由玩家放炮和牌，通常放炮的玩家向和牌的玩家支付 1 个筹码，另外两家不支付。

下图是玩家下叫后的牌型，下叫二、五万，玩家和牌后就是平和。如果和的是放炮牌，放炮的玩家向和牌的玩家支付 1 个筹码，其余玩家不支付；如果由玩家自摸和牌，而事先没有约定自摸加番或加底，其余三家也只需分别向赢家支付 1 个筹码。

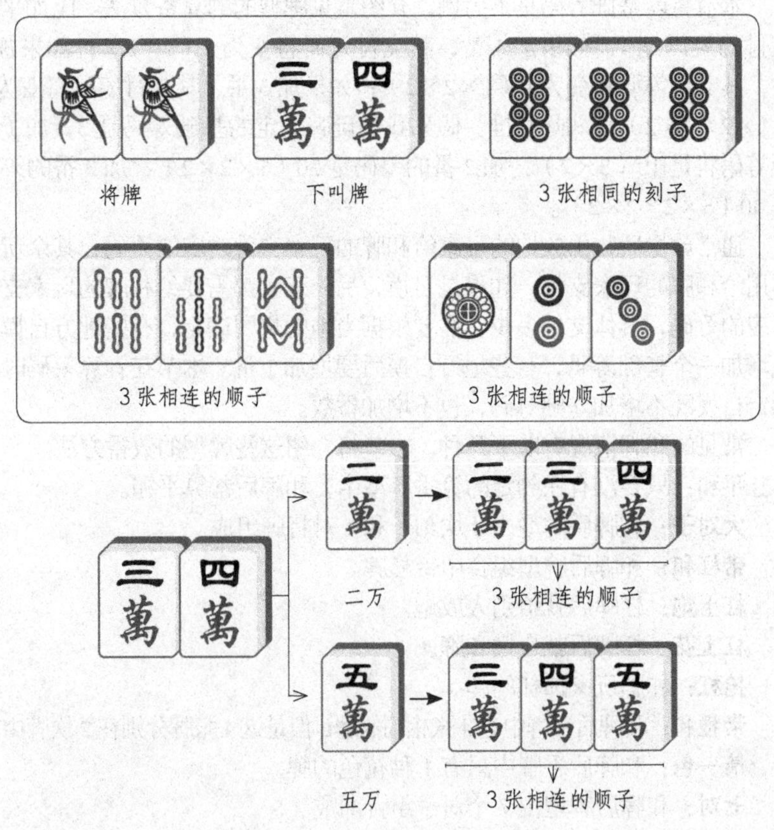

（2）需要加 1 番的常见和牌牌型

大对子和牌

大对子在玩牌时也会经常出现，大对子牌型和牌后，输家要向赢家支付 2 个筹码（1×2）。

下图是玩家下叫后的牌型，已经有 3 个刻子，下叫八万和九筒，该牌型和牌后要加 1 番。如果是放炮和牌，放炮的玩家需要向赢家支付 2 个筹码（1×2），其余玩家不支付。如果是自摸和牌，三家都需要向赢家支付相应的筹码。

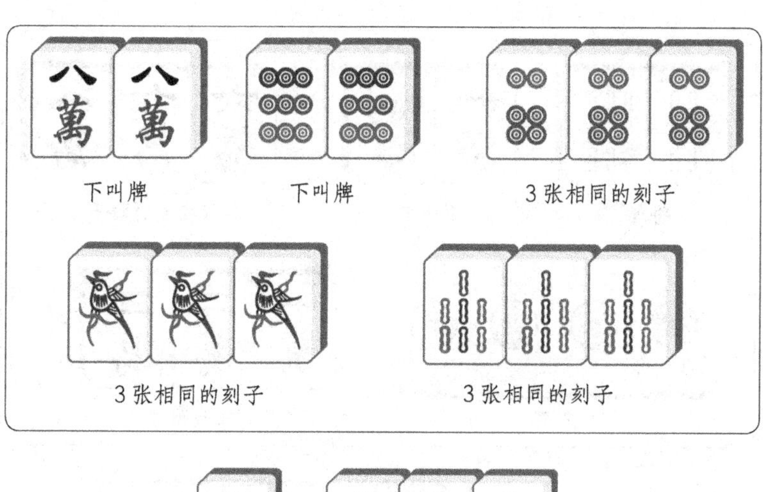

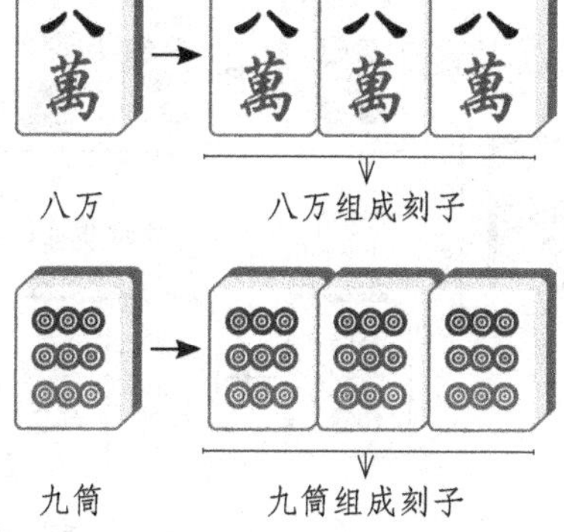

带一个杠和牌

当和牌后手牌中带杠时，需要在原有牌型番数基础上加 1 番。例如，在平和的牌型中，如果有一个杠，和牌后就需要加 1 番，输家向赢家支付 2 个筹码（1×2）。如果是带 2 个杠，就再加 1 番，输家向赢家支付 4 个筹码（1×2×2），依次类推。

下图是玩家下叫后的牌型，下叫五、八筒，因为杠了一筒，所以和牌后要加 1 番。如果是放炮和牌，放炮的玩家向和牌的玩家支付 2 个筹码（1×2），其余玩家不支付；如果是玩家自摸和牌，三家都需要向赢家支付相应的筹码。

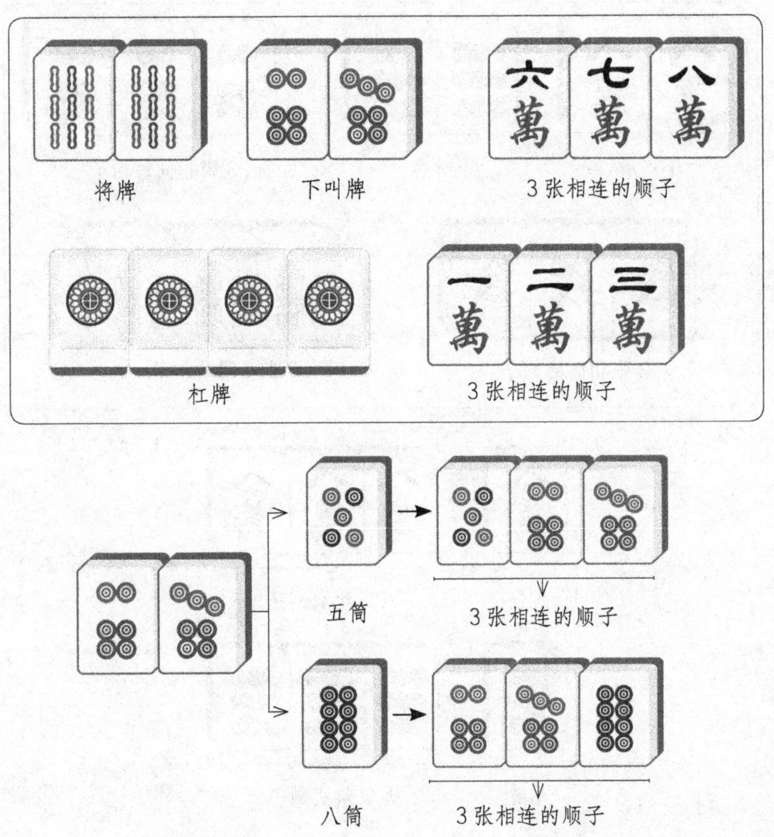

杠牌后放炮和牌

如果杠牌后舍出的牌给其他玩家放炮了，赢家的赢牌筹码要加 1 番。即如果赢家是平和的牌型，本来只需要向其支付 1 个筹码，现在杠上炮需要加 1 番，需要向其支付 2 个筹码（1×2）。如果赢家手牌本来就带 1 番，杠上炮需要再加 1 番，放炮的玩家需要给赢家 4 个筹码（1×2×2），依次类推。

下图是玩家下叫后的牌型，下叫一、四筒，由于已经杠了一万，和牌后要加 1 番。此时，另一玩家杠牌后舍出一筒放炮。赢牌的玩家牌型已经有 1 番，因为和的是杠上放炮，还需要再增加 1 番，共计 2 番，所以放炮的玩家需要向赢家支付 4 个筹码（1×2×2）。

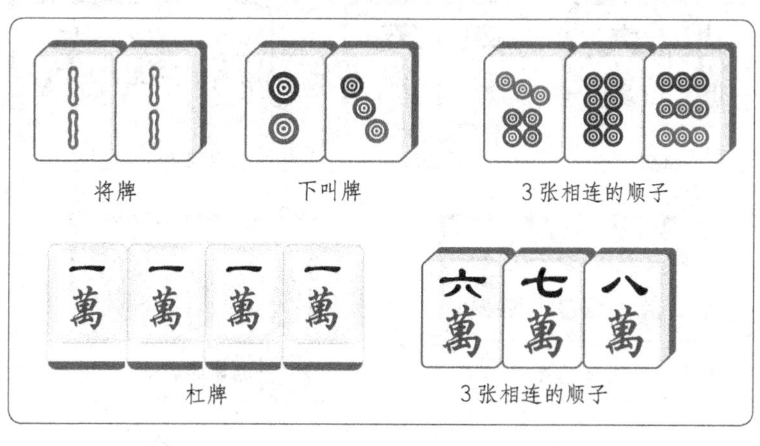

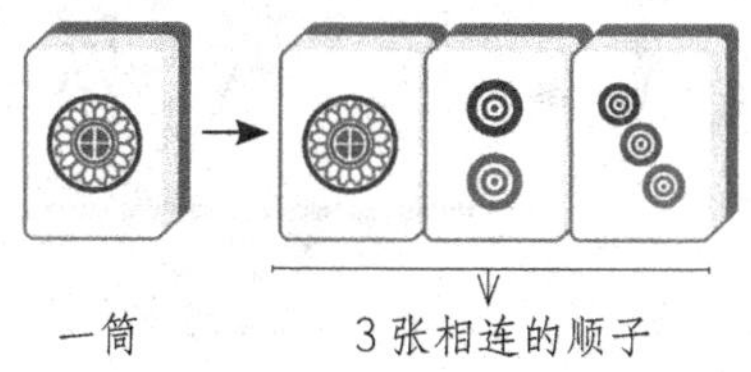

杠上花和牌

如果杠牌后摸入的牌正好是要和的牌，这种情况就叫作杠上花。杠上花需要加 1 番，因为带杠要加 1 番，所以和牌后共计 2 番，即需要向赢家支付 4 个筹码（1×2×2）。如果杠牌是自己摸入，其余三家都需要支付 4 个筹码；如果杠牌是其余玩家打出，通常只需要打出杠牌的玩家支付相应的筹码，其余玩家不用支付。

下图是玩家下叫后的牌型，下叫三、六万，手牌中有一条的刻子，轮到玩家摸牌时摸入一条后杠牌，杠牌后再摸入三万和牌，即杠上花和牌。其余三家都需要向赢家支付 4 个筹码（1×2×2）。

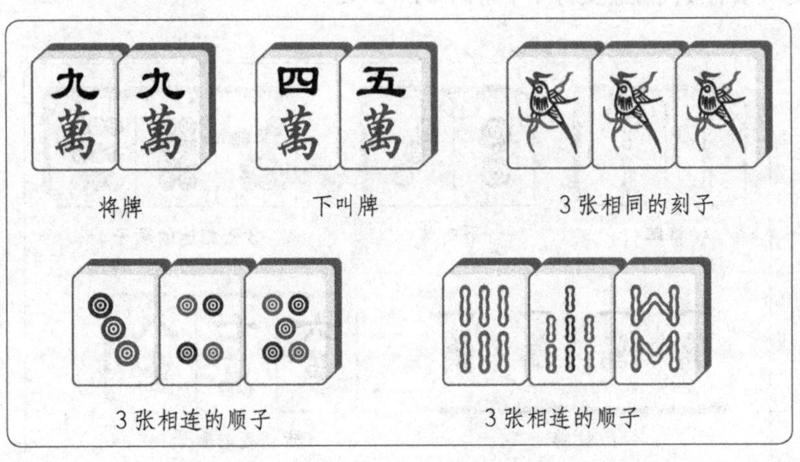

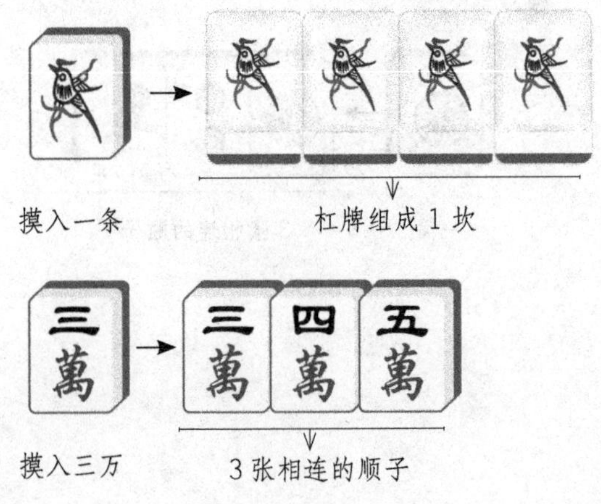

抢杠和牌

如果下叫后要和的牌已经被其他玩家碰牌，当碰牌的玩家摸到已经碰的这张牌加杠时，这时就可以抢杠。即该玩家不能加杠，只能由抢杠的玩家和牌。

抢杠和牌后，需要在原来的牌型番数基础上再加 1 番，被抢的玩家需要向赢家多支付 1 番的筹码。即如果赢家是平和的牌型，本来放炮只需要支付 1 个筹码，因为加杠被抢杠和牌后需要加 1 番，就需要支付 2 个筹码（1×2）。

下图是玩家下叫后的牌型，下叫六、九筒，手牌中有 1 坎杠牌，而另外一个玩家已经碰了九筒，后面又摸到了九筒准备加杠，这时就可以抢杠九筒和牌。因为手牌中已经有 1 杠，要加 1 番，抢杠后需要再加 1 番，所以被抢杠的玩家需要向赢家支付 4 个筹码（1×2×2），其余玩家不用支付。

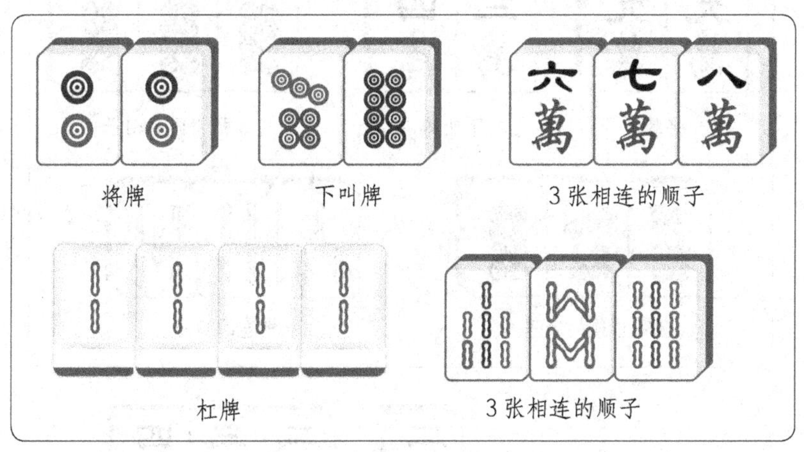

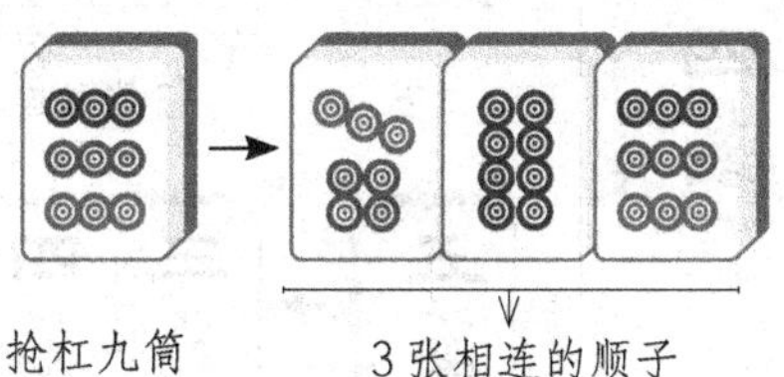

带根和牌

带根和牌是指和牌后，手牌中有4张相同的牌，但是这4张牌没有杠，分别在两坎组合牌中，通常是有3个组成刻子，有1个与其他牌组合成顺子。如果是七对特殊牌型，这4张牌将分别组成2对。所以我们碰牌后，也可以下叫已经碰的牌，和牌后就是带根和。带根和牌后，需要在原来的牌型番数基础上再加1番。

下图是玩家下叫后的牌型，和二、五万，由于手牌中已经有4张八筒，所以和牌后，放炮的玩家需要向和牌的玩家支付2个筹码（1×2），其余玩家不支付；如果是自摸和牌，其余三家需分别向赢家支付2个筹码。

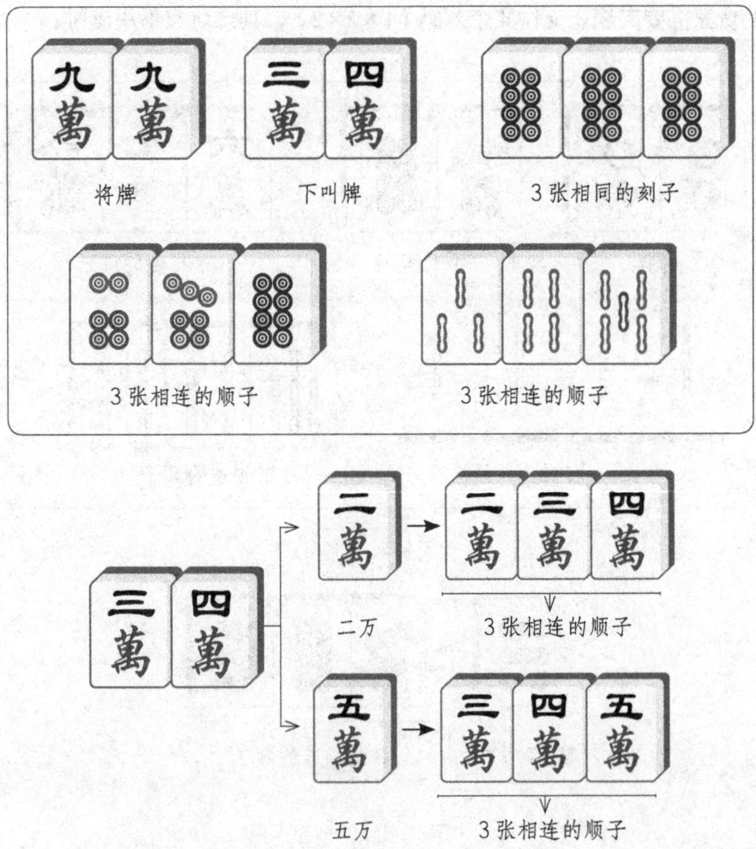

（3）需要加 2 番的常见和牌牌型

在我们日常玩麻将的过程中，最常见的加 2 番牌型就是清一色、七对。

清一色和牌

如果是清一色和牌，需要加 2 番，即输家需要向赢家支付 4 个筹码（1×2×2）。

下图是玩家下叫后的牌型，清一色下叫二、五条，由于清一色和牌后要加 2 番，如果是放炮和牌，放炮的玩家需要向和牌的玩家支付 4 个筹码，其余玩家不支付；如果由玩家自摸和牌，三家都需要向赢家支付相应的筹码。

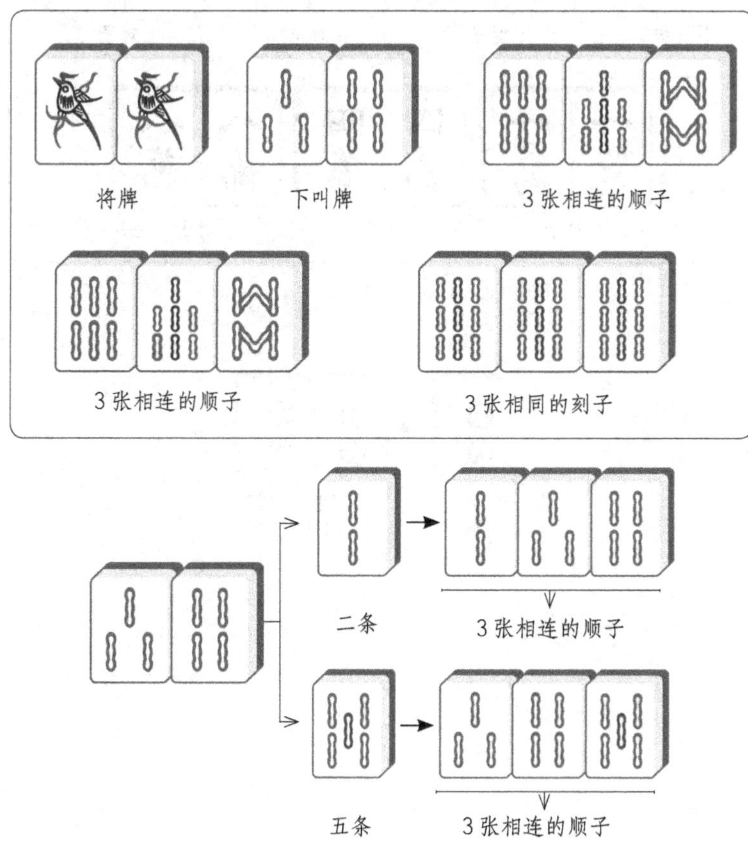

七对和牌

如果是七对和牌，需要加2番，即输家向赢家支付4个筹码（1×2×2）。

下图是玩家下叫后的牌型，下叫二筒，和牌后需要加2番。如果是放炮和牌，放炮的玩家需要向赢家支付4个筹码（1×2×2），其余玩家不支付；如果是自摸和牌，三家都需要向赢家支付相应的筹码。

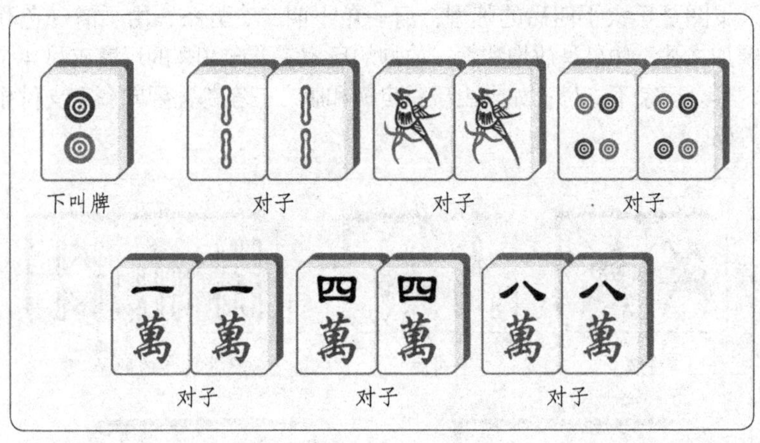

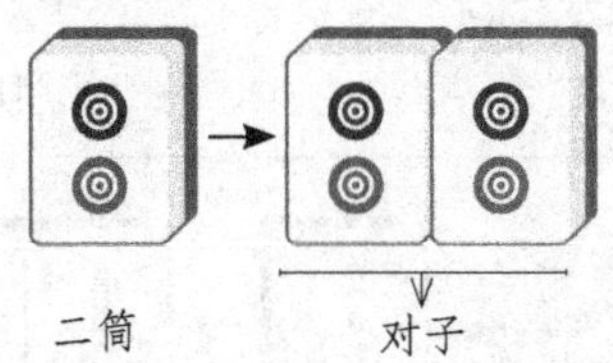

（4）需要加 3 番的常见和牌牌型

在我们日常玩麻将的过程中，常见的加 3 番的牌型是清一色大对子、清一色带根、清一色带 1 杠、清七对等牌型。下面我们将只介绍清一色带根牌型。

下图是玩家下叫后的牌型，和二、五筒，手牌中已经有 4 张四筒，和牌后需要加 3 番。如果是和放炮牌，放炮的玩家向赢家支付 8 个筹码（1×2×2×2），其余玩家不支付；如果是自摸和牌，三家都需要向赢家支付相应的筹码。

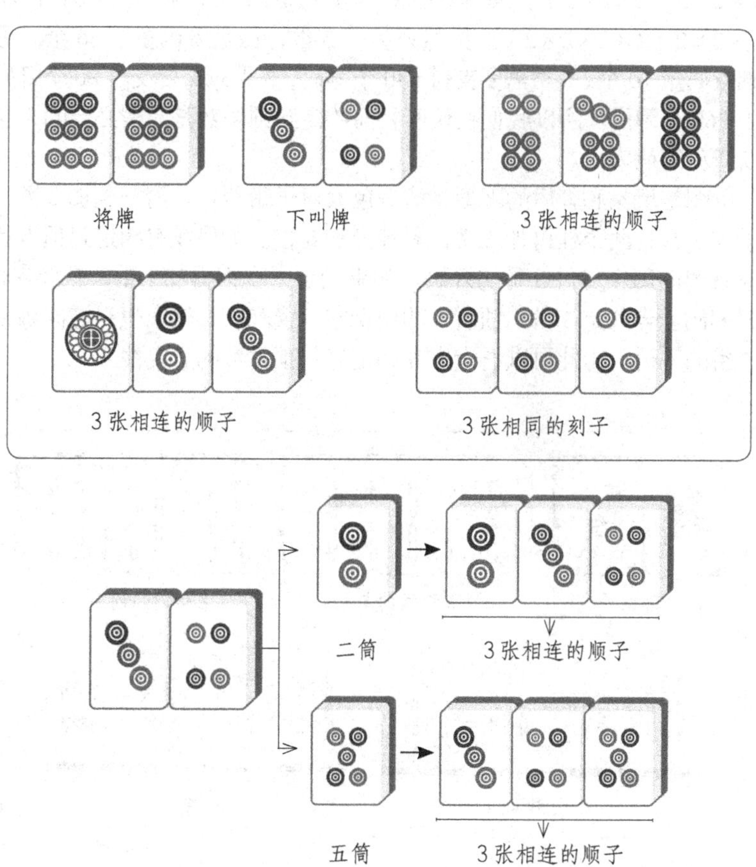

（5）约定封顶番数

如果我们在玩牌前没有约定封顶的番数，当出现高番数的牌型时，输家将要支付较多的筹码。因此，为了避免这种情况出现，应事先约定好封顶的番数。例如约定加 3 番封顶，如果基础筹码是 1，当赢家和牌后番数超过了 3 番，也只按照 3 番算，即输家向赢家支付 8 个筹码（1×2×2×2）。

如果我们没有约定封顶番数，当赢家牌型是 4 番时，输家就要支付 16 个筹码（1×2×2×2×2），5 番时就要支付 32 个筹码（1×2×2×2×2×2）。如果玩家自摸再加 1 番，将支付 64 个筹码（1×2×2×2×2×2×2）。虽然只多了 3 番，但是筹码多了 56 个。假如基础筹码是 10 个，6 番需要支付 640 个筹码，3 番只需要支付 80 个筹码，少了 560 个筹码。所以我们在玩麻将前约定封顶番数是非常必要的，这样可以避免筹码太大。

下图是玩家和牌后的牌型，清一色大对子带两杠。清一色加 2 番，大对子加 1 番，两个杠再加 2 番，累计应加 5 番。如果没有约定封顶番数，输家就要向赢家支付 5 番的筹码。如果约定了自摸再加 1 番，就要支付 6 番的筹码。当约定 3 番封顶后，即使玩家自摸和牌，输家也只需向赢家支付 3 番的筹码。由此可以看出事先约定好封顶番数的必要性。

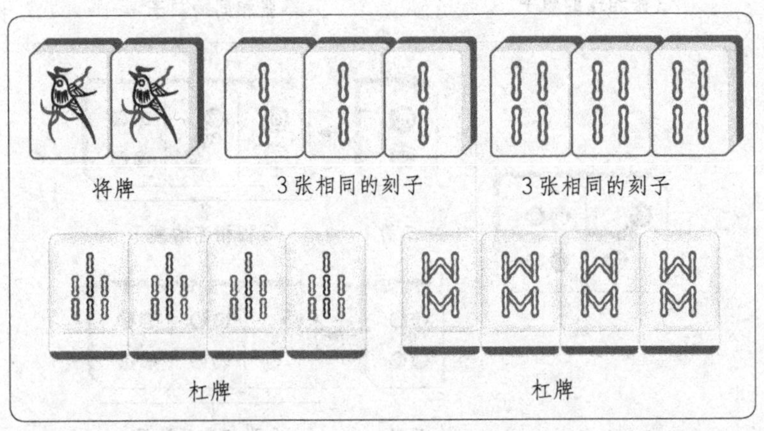

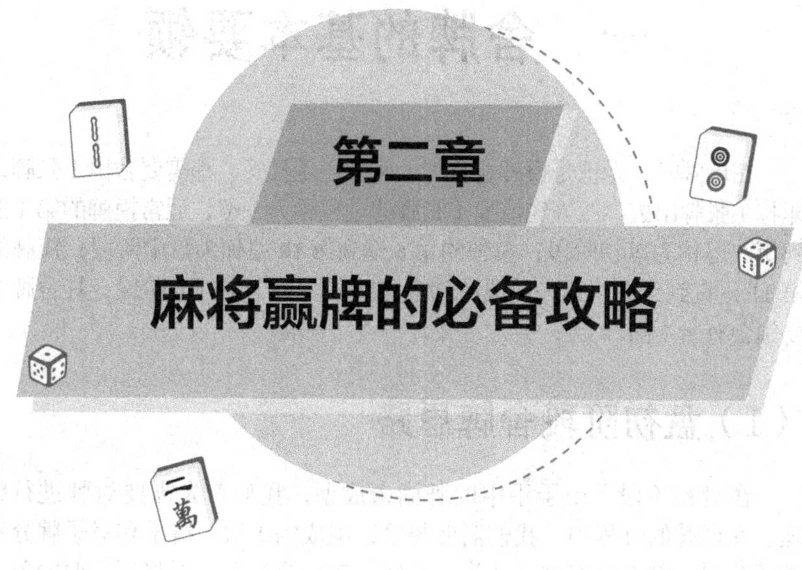

第二章

麻将赢牌的必备攻略

在第一章我们介绍了麻将的一些基本知识，清楚了玩麻将的基本步骤、牌型组合的方法，以及常见和牌牌型和数番的方法。但在实际玩牌过程中，我们还需要了解一些基本的玩法。

我们玩牌过程中是通过不断摸牌、吃牌、碰牌或杠牌来组合手中的牌型，直到听牌并最终和牌。本章主要介绍玩牌过程中的舍牌、吃牌、碰牌、杠牌、听牌的基本玩法。

一、舍牌的基本要领

在玩牌时，无论是摸牌、吃牌、碰牌还是杠牌，都需要舍出 1 张牌，即打 1 张牌出去。四人轮流摸 1 张牌的过程称为一巡，通常摸牌的第 1 巡到第 5 巡称为盘初阶段；摸牌的第 6 巡到第 10 巡称为盘中阶段；摸牌的第 11 巡直到结束，这一阶段称为盘尾阶段。每个不同的阶段，其舍牌的要领会有所不同。

（1）盘初阶段舍牌思路

在盘初阶段，由于手中的牌尚未成型，我们首先需要对牌进行整理。在理牌的过程中，我们需要将已经组成的 1 坎、搭子和对子牌分别进行分组，每个分组都被视为一搭牌。完成分组后，再将不需要的单牌舍出，以便后面更好地组合牌型。

▶ 盘初阶段舍牌的要点

在盘初阶段，我们在选择舍牌时，需要注意以下两点。

第一，先舍单张风牌和三元牌

若手牌中包含风牌和三元牌，且这些牌都是单张，通常建议将这些单牌全部舍出。如果其中某些牌已经成对，对子应当保留，因为当其他玩家舍出相同的牌时，就可以通过碰牌组成 1 坎。如果碰牌的机会没有出现，对子还可以作为将牌使用。

在实战中，我们需要铭记“打风不做牌，做牌不打风”的原则。这是因为风牌在组合时，能够形成番数更高的特殊牌型，例如十三幺、混一色等。对于刚开始接触麻将的朋友，先要理解并熟悉游戏的规则，然后从那些容易组成叫牌的单牌型开始，不要总是想着做番数高的牌型。

第二，再舍单张幺九牌

在舍完单张风牌和三元牌之后，如果手牌中还剩下单张的幺九牌，建议先舍弃这些幺九牌。原因在于，与幺九牌能够组合的牌的序数仅限于 2、3 和 7、8，而其他数字的牌则可以与它们前后相邻的两张牌任意组合，形成 1 坎牌的机会更多。因此，从组合成坎的可能性来看，这些单张的数字牌比幺九牌更容易组合成坎。

盘初阶段舍牌案例分析

假设手牌中有 1 张单牌九筒，它能组合成坎的机会如下：与七筒和八筒组成顺子，或者单独组成对子、刻子和杠牌。这些组合仅涉及七筒、八筒和九筒这 3 种牌，每种牌都有 4 张，共有 12 张牌。若不考虑其他玩家手牌的情况，因为手牌中已持有 1 张九筒，理论上最多还有 11 次机会摸到这 3 种牌中的任意 1 张。

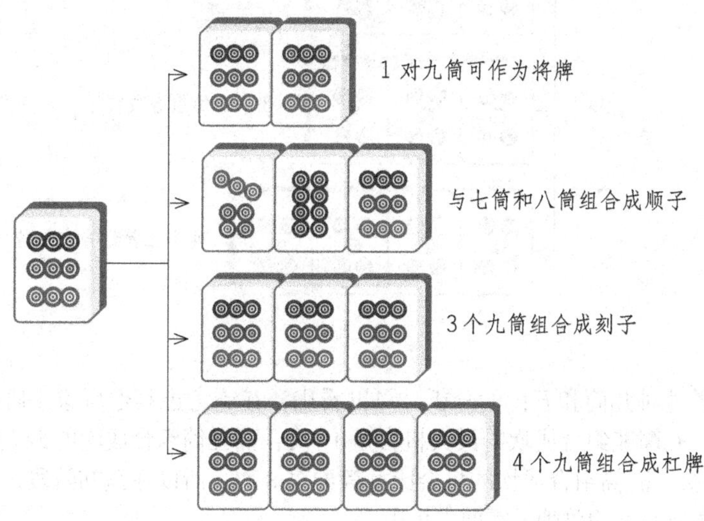

假设手牌中同时还有1张五筒，我们再来分析下为什么要舍九筒，而不是五筒。五筒可以和三、四、六、七筒组成顺子，同时它也可以组成对子、刻子和杠牌。在这些组合中，涉及了三、四、五、六、七筒这5种牌，每种牌都有4张，总共有20张牌。若不考虑其他玩家手牌的情况，由于手牌中已经持有1张五筒，因此，理论上最多还有19次机会摸到这5种牌中的任意1张。

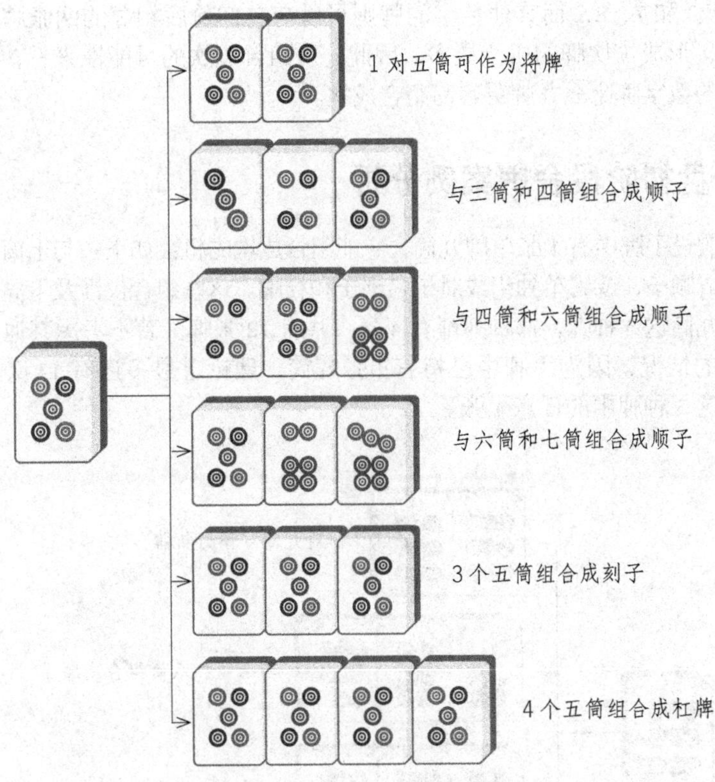

通过对九筒和五筒的分析，可以看出，在不考虑其他玩家手牌的情况下，五筒能组合成坎的最大机会是19次，而九筒组合成坎的最大机会是11次。五筒组合成坎的机会比九筒要多8次。所以在盘初阶段，如果手牌中有幺九的单牌，需要先舍出。

接下来，我们来分析一个实战案例。这是开始摸完 13 张牌后整理的效果：手牌中包含 5 张条子牌，3 张万字牌以及 5 张筒子牌。当再次摸牌时，摸到了 1 张五万，我们应该舍弃哪张牌是比较好的选择呢？

理牌后的效果

摸入五万

当我们摸到五万后，可以先对手中的牌进行分组整理，将已经组合成坎的牌、对子以及相连的牌分别分组成不同的搭子。对于尚未分组成搭子的牌，可以根据它们与其他牌组合的最大机会数来确定先舍弃哪一张牌。分组整理后的效果如下。

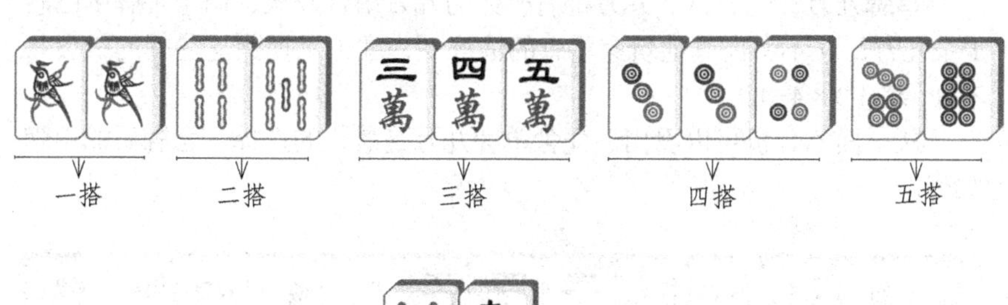

我们将手中的14张牌拆分成了5搭牌，另外还有2张单牌八条和九万。搭子和单牌能组合成坎的情况分别如下。

第一搭牌：对子一条，一对一条可以作为将牌，也可以有机会碰牌或杠牌。

第二搭牌：四条和五条，当我们摸到从二条到七条之间的任何1张牌时，都有机会与手牌组合成坎。由于手中已经有1张四条和五条，在不考虑其他玩家手牌的情况下，理论上摸到这些牌的机会共有22次（4×6−2）。

第三搭牌：三万、四万和五万，已经组合成坎。

第四搭牌：一对三筒和一个四筒。当我们摸到从一筒到六筒之间的任何1张牌时，都有机会与手牌组合成坎。由于手中已经有2张三筒和1张四筒，在不考虑其他玩家手牌的情况下，理论上摸到这些牌的机会共有21次（4×6−3）。

第五搭牌：七筒和八筒。当我们摸到从五筒到九筒之间的任何1张牌时，都有机会与手牌组合成坎。由于手中已经有1张七筒和八筒，在不考虑其他玩家手牌的情况下，理论上摸到这些牌的机会共有18次（4×5−2）。

单牌八条：六、七、八、九条都有机会与八条组合成坎，由于手牌中已有1张八条，在不考虑其他玩家手牌的情况下，理论上摸到这些牌的机会共有15次（4×4−1）。

单牌九万：七、八、九万都有机会与九万组合成坎，由于手牌中已有1张九万，在不考虑其他玩家手牌的情况下，理论上摸到这些牌的机会共有11次（3×4−1）。

从上面的分析可以看出，先舍单牌九万是最优的选择。舍牌后的手牌如下。

舍牌后的效果

我们在算组合成坎的机会数时，没有考虑其余玩家手牌情况，在实际玩牌过程中，需要看牌池中的舍出牌，以及玩家的碰牌、杠牌情况，用理论机会数减去已经亮明的牌数，然后再判断该舍的牌。

（2）盘中阶段舍牌思路

在打牌过程中，舍牌的策略至关重要。我们每出1张牌时，都应尽量做到避免让下家吃牌，并尽量防止其他玩家碰牌或杠牌。当然，要做到完全不让下家吃牌，或阻止其他玩家碰牌和杠牌是不可能的，但通过观察其余三家的舍牌情况，我们可以决定自己的出牌，以尽量减少这些情况的发生。

盘中舍牌同样需要用到盘初舍牌的思路。我们需要根据当前摸牌的机会数和其余三家的舍牌情况综合判断，然后选择要舍弃的牌。只有通过观察和分析，才能够做到知己知彼，避免盲目地舍牌。

▶ 尽量吃上家的牌加快组合成坎

我们要通过仔细分析上家吃牌、碰牌、杠牌以及舍出的牌，来推断上家当前需要什么花色的牌以及可能舍出什么花色的牌。因为只有在上家舍出相应花色的牌时，我们才有机会进行吃牌操作，所以我们应该尽量保留上家舍出的花色牌。

比如，通过观察发现上家舍出条子牌的次数较多，并且他在吃、碰时都倾向于万字牌和筒子牌，当我们手牌如下图所示时，如果上家舍出三条，我们可以碰牌；上家舍出四条或六条，我们可以吃牌组合成一坎牌。

通过上家分析舍牌

如果我们自己摸入一条至九条之间的任意1张牌，都可以组合成搭子或组合成1坎牌，并且能增加更多的吃牌机会。而万字牌虽然有2搭牌，但是需要自己摸入一万、四万、五万或八万才能组合成坎。所以应该保留条子牌，舍万字牌，以增加吃到上家舍出牌的机会，从而更快地组合成坎。

▶ 尽量不让下家吃牌延缓组合成坎

在舍牌时，为了延缓下家组合牌型的速度，我们尽量选择舍弃那些下家无法吃的牌，因为下家可以吃我们舍出的牌。这样做是为了不给下家吃牌的机会。

例如，如果下家想吃万字牌，那么我们就会尽量舍出条子牌和筒子牌，或者舍下家不要的万字牌，以避免给他提供吃万字牌的机会。

▶ 减少让其他三家碰牌和杠牌的机会

如果我们舍出的牌，其他三家恰好有 1 对或 1 个刻子，他们便有机会进行碰牌或杠牌。因此，我们也需要时刻留意其他三家所需的牌型，尽量避免给他们碰牌或杠牌的机会。

（3）盘尾阶段舍牌思路

在盘尾阶段，因为玩家几乎都已经下叫，手中的牌型也基本组合完成，所以每一次舍牌都变得尤为关键。稍有不慎，就可能会给别人放炮。因此，在盘尾阶段，最重要的是尽量避免放炮。

摸牌后我们可以按照以下几点思路，最大限度地避免放炮。由于玩牌是一个动态的过程，牌局情况千变万化，所以在实战中切忌生搬硬套，要根据现场情况确定怎么舍牌。

尽量舍熟张牌

熟张通常指的是在牌池上已经有过舍出的牌。然而，如果在盘尾阶段还有某些牌在牌池中未曾出现，这些生张很可能已经在玩家手中形成了对子、刻子，或是他们正在等待和牌的关键牌。因此，对于那些在牌池中未曾露面的生张，如果不是非舍不可，我们应当尽量避免将其舍出，否则的话，放炮或被杠的可能性将会大大增加。

尽量跟着其他玩家舍相同的牌

在盘尾阶段，如果所有玩家都已经下叫，此时，若前面的玩家舍出某张牌且没有导致放炮，那么我们选择舍出相同的牌就不会放炮。因此，在确保自己也有叫牌的情况下，为了安全起见，最稳妥的打法是跟随其他玩家，舍出与他们相同的牌。

尽量不要舍高危牌

当判断某张牌舍出后放炮的可能性极高时，特别是通过观察其他玩家的碰牌和杠牌情况得出结论，一旦放炮将会导致支付多番的筹码，此时应将原本可能组合成坎的牌进行拆分，选择打出安全牌，以避免因放炮而承受高额的筹码损失。

接下来，我们来分析一个盘尾阶段的实战案例。下页图是玩家盘尾阶段的牌型，牌墙中剩余的牌足够每位玩家再进行 2 次摸牌。轮到玩家摸牌时，玩家摸到了 1 张六条，牌池中六条和九条都没有出现过，出现了 2 张三条，该怎么舍牌呢？

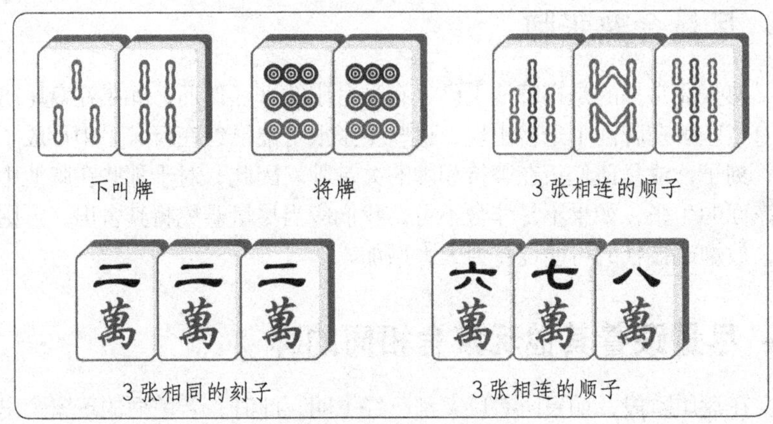

下叫牌　将牌　3张相连的顺子

3张相同的刻子　3张相连的顺子

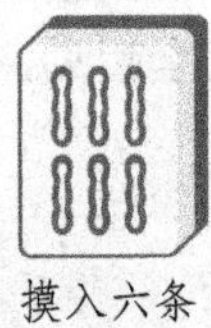
摸入六条

从上述的牌局情况分析，我们可以看出：

1）牌局已经进入了盘尾阶段，此时所有玩家都已下叫，从牌型来看，玩家已经下叫二条和五条；

2）由于在牌池中，六条和九条这两张牌都未曾出现，此时若玩家舍出其中的任何一张，都极可能导致放炮；

3）根据盘尾阶段通常采用的策略——尽量出熟张，因此舍出六条或九条并非明智之举。然而，为了避免被查叫，需要在舍牌时保持下叫状态。牌池中已经出现过2张三条，如果选择舍出三条，既符合出熟张的原则，又能确保自己仍然处于下叫状态，因此仍然有机会和嵌张五条。

通过综合分析可以看出，最好的选择是舍出三条，下叫嵌张五条。舍三条后的手牌如下图所示。

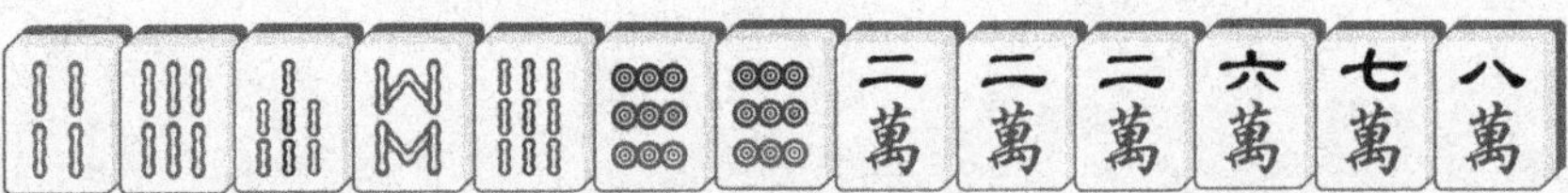

舍牌后的手牌效果

二、吃牌的基本要领

在玩牌的过程中，吃牌是一种策略，它能快速帮助我们将手中的牌组合成坎。因此，当有吃上家的舍牌的机会时，通常会选择吃牌。然而，并非所有可吃的牌都值得吃。比如，当自己摸牌顺利时，为了避免错过摸到好牌的机会，通常会选择尽量不吃牌。同样，如果吃牌会减少手牌的组合机会，也要尽量避免吃牌。在玩牌的不同阶段，吃牌的策略需要遵循一定的要领，以确保能尽快下叫和牌。

（1）盘初阶段吃牌要领

在盘初阶段，由于牌的形势尚不明朗，通常遵循“头不吃”的原则。这是因为如果开局就吃牌，不仅会浪费摸进有效牌的机会，还可能过早地暴露自己的需求。当遇到以下两种情况时，就需要考虑吃牌。

▶ 有机会做清一色时吃牌

当手中持有较多同一花色的牌时，做成清一色的成功概率就会相对较高。因此，如果发现手牌有机会做成清一色，我们应当通过吃牌的方式，尽快替换掉其他花色的牌，以增加做成清一色牌型的可能性。

▶ 需要边张或嵌张组合成坎时吃牌

当手牌需要通过边张和嵌张来组合成一坎牌时，因为这些牌自己摸进的机会相对较少，所以我们可以选择通过吃牌的方式来组合它们，从而快速组合成一坎牌。

（2）盘中阶段吃牌要领

在盘中阶段，由于手中的牌已经基本明朗，此时是一个通过吃牌来尽快下叫的好时机。然而，我们也需要意识到，其他玩家同样可能在这个阶段下叫，因此我们在吃牌时必须保持小心谨慎，避免因为不慎吃牌而放炮。

通常情况下，在以下几种情况下可以考虑吃牌。

▶ 自己几轮摸牌都用不上时吃牌

当自己摸牌不顺，连续几次摸到的牌都无法用于当前的牌局时，可以考虑通过吃牌的方式来改变摸牌的顺序。这样做或许能使得后续摸到的牌的质量有所提升，为牌局带来转机。

▶ 能听牌或进入一入听状态时吃牌

如果吃牌后能够直接形成下叫牌型，或者吃牌后再摸进一张牌，就能达到下叫牌的条件，那么这时选择吃牌是合适的。

▶ 上家舍牌是独张时吃牌

在盘中阶段，如果上家舍出的牌已经是独张，且这张牌正好是我们能吃的牌，那么应该选择吃牌。因为一旦错过了这个机会，就再也没有可能摸到这张牌了，这可能会让我们的牌型变得难以下叫。

（3）盘尾阶段吃牌要领

在盘尾阶段，当大多数玩家都已经下叫，且大家主要聚焦于自摸或等待其他玩家放炮时，若某位玩家尚未下叫，则需根据当前的牌局形势和手中牌的具体状况来判断是否应该吃牌。当出现以下两种情况时，需要吃牌。

▶ 吃牌后可以下叫时要吃牌

在盘尾阶段，其余玩家通常都已经下叫，若吃牌后能立即下叫，那么此时必须果断吃牌。这样能有效避免在后续可能出现的查叫环节中，因未能下叫而被迫支付其他三家筹码的不利局面的出现。

▶ 需要组合成坎时吃牌

在盘尾阶段，随着自已能摸的牌的数量逐渐减少，若手中尚需进牌组合成坎，一旦上家舍出需要的牌，应选择吃牌，以争取尽早下叫，避免最后被查叫。

对于初级玩家而言，无论是在牌局的初始阶段、中途还是尾声，吃牌都应遵循以下原则。

1）当手气不佳时，吃牌可以作为一个策略来改变摸牌的顺序，从而改善当前的手气状况。

2）若手气表现一般，但发现吃牌后能立即形成下叫的局面，或者牌型能进入一入听的状态，那么应该选择吃牌，因为这有助于我们提高赢牌的胜算。

3）当手中的牌型需要通过边张或嵌张来组合成坎时，若上家恰好舍出了所需的牌，那么应当果断吃牌。因为如果不吃牌，将很难再通过摸牌来得到所需的边张和嵌张，从而增加了下叫的难度，影响牌局的进程和结果。

（4）不要轻易吃牌的几种情况

对于初级玩家来说，他们往往倾向于只要有能吃牌的机会就统统吃。然而，实际上并不是所有能吃的牌都应该吃。在某些情况下，吃牌可能会破坏牌面的组合，甚至可能导致放炮，从而得不偿失。因此，在决定是否吃牌时，初级玩家需要知道哪些情况下不要吃牌，避免盲目吃牌给牌局带来不利影响。

▶ 手气好时不吃牌

当我们的手气处于较佳状态时，每次摸到的牌都能与手中的牌顺利搭配，此时我们应尽量避免吃牌。因为一旦选择吃牌，就会改变原本的摸牌顺序，这可能会对我们的手气产生不利影响。所以，在手气好的情况下，不吃牌是更为明智的选择。

▶ 搭子较多时不吃牌

当我们手中拥有较多的搭子时，与摸进的牌组合成坎的机会也随之增多。在这种情况下，自己摸到的牌往往有可能比吃牌后的组合更为理想，并且我们还能根据牌局的变化不断调整和变换手中的组合。

然而，一旦选择了吃牌，我们就失去了再次变换组合的机会。因此，在搭子较多的时候，我们可以选择不吃牌，以保留更多的变化和灵活性。

▶ 盘尾阶段无安全牌可舍时不吃牌

在盘尾阶段，我们应首先评估吃牌后的风险。如果吃牌后放炮的概率很高，那么最好不要吃牌。相反，只有在能确保吃牌后的舍牌是安全的，即不会引发放炮的情况下，才选择吃牌。

盘尾阶段下叫无望时不吃牌

在盘尾阶段，如果发现自己很难下叫，完全没有机会和牌，那么最好不要吃牌。相反，可以通过摸牌来增加手中舍出的安全牌的数量。在舍牌时，应尽量跟上家的舍牌保持一致，这样做能够避免放炮。

下图是玩家盘中阶段的牌型，已经组合成型的有 1 个刻子、1 个顺子和 2 个对子，当上家舍出五条时，是否该吃牌呢？

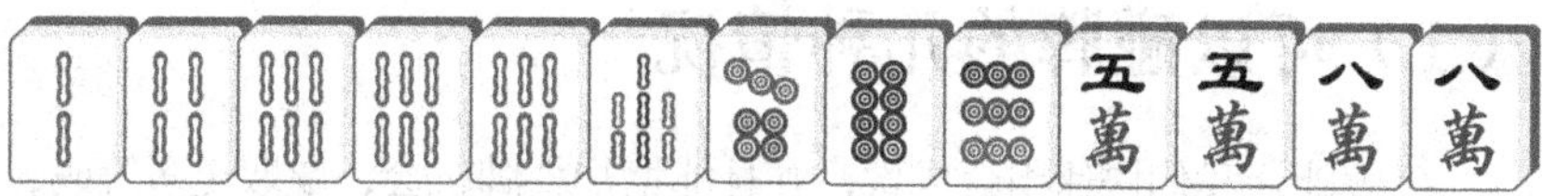

盘中的牌型

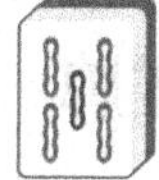

上家舍出五条

从当前手牌的状况来看，如果我们吃进五条，可以与四条和六条组合成坎，舍二条，吃牌后将没有机会再杠六条。

如果我们不吃牌，当摸进三条，或者上家舍出三条时吃牌，然后舍七条，下叫五万和八万；如果摸进或碰五、八万时，可以舍七条，下叫嵌张三条；如果摸进的是其他条子，也可以与手牌中的条子进行重新组合，同时还保留了杠六条的机会。

因为是盘中阶段，摸牌的机会还较多，所以当上家舍出五条时，可以考虑不吃牌。

三、碰牌的基本要领

当我们手牌中持有一对牌时，如果其他玩家打出了相同的牌，我们可以选择碰牌来组成刻子。而一旦组成了刻子，这些牌还有机会进一步加杠。刚开始接触麻将的朋友，往往只要手中有对子就倾向于碰牌，而不考虑这一行为是否会影响手中其他牌的组合。实际上，并非所有的对子都应当碰，是否碰牌应当基于手中的牌型和牌局的具体情况来定。

（1）可以碰牌的几种情况

碰牌能让我们快速组合成坎，并且能增加杠牌机会，赢取更多筹码，所以当出现以下几种情况时，就可以碰牌。

▶ 手牌中对子较多时碰牌

当手中的牌包含较多对子时，我们可以通过碰牌迅速形成大对子的牌型。需要注意的是，如果手牌中已经有 5 对对子，只剩下 3 张单牌，并且不是盘尾阶段，可以不用碰牌，只要摸到这 3 张单牌中的任意 1 张，便能下叫，形成七对的牌型。

▶ 能快速下叫时碰牌

当手牌的牌相较好，通过碰牌后，只需再进 1 张或 2 张牌就能达到下叫的条件，此时，我们应该抓住机会进行碰牌，因为这样可以加快下叫并和牌的速度。

摸牌手气一直不顺时碰牌

当摸入的牌一直很差，无法和手牌组合并且都要舍出时，如果手中有对子并且有机会碰牌，可以通过碰牌改变手气。

下图是玩家盘中阶段的手牌情况，当其他玩家舍出五条时，该玩家是选择碰五条好还是杠五条好呢？

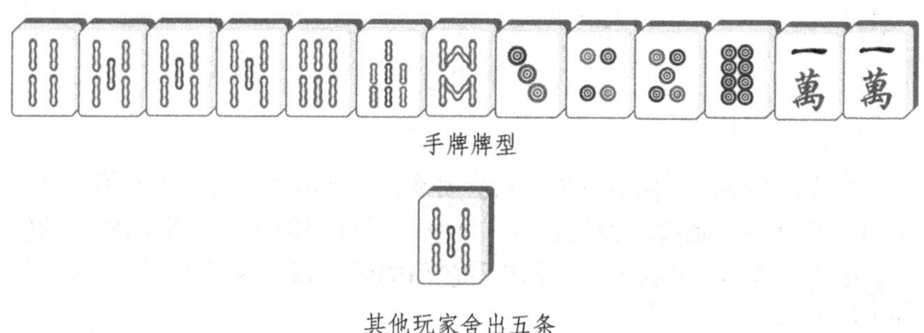

手牌牌型

其他玩家舍出五条

新手朋友通常会按照下面的方式来拆分组合牌型。

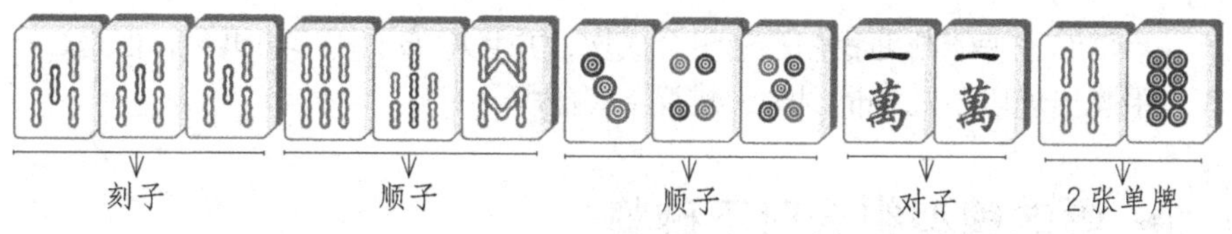

根据手牌拆分组合的情况可以看出，如果摸入或碰一万就能下叫，单钓四条或八筒；如果摸入四条或八筒，可以舍出另外 1 张单牌，下叫双对。

当其他玩家舍出五条，新手通常都会选择直接开杠，因为杠牌可以增加和牌后的筹码。但是杠牌后还需要摸 1 张单牌，否则仍然没有下叫。

如果我们将手牌换一种方式组合，就会发现杠五条不是最好的选择，碰五条才是最好的选择。手牌重新组合后的牌型如下。

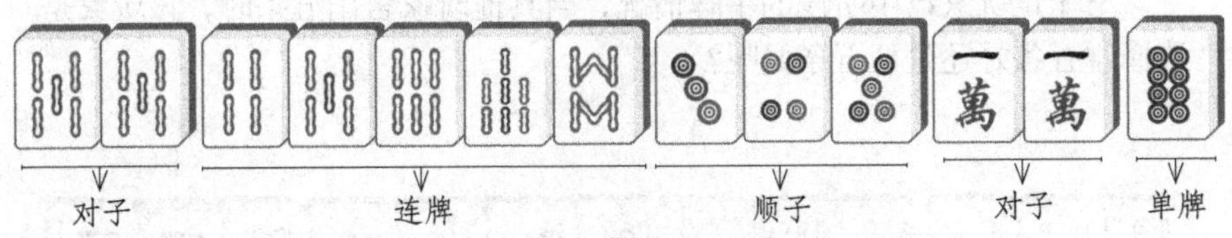

当我们将手牌重新拆分组合后会发现，只要碰了五条，舍八筒后就能下叫，并且叫 3 张牌，即三、六、九条，可以提前下叫，增加和牌的机会。因为手牌中有 4 张五条，所以和牌后的牌型属于带根和，同样可以增加 1 番筹码。

通过不同牌型组合可以看出，碰五条比杠五条和牌的机会大很多，所以当其他玩家舍出五条时，我们要选择碰牌。

（2）不能碰牌的几种情况

虽然碰牌能帮助我们迅速组合成坎，并且增加了杠牌的机会，但是，当手牌出现以下几种情况时，建议不要碰牌。

▶ 影响牌型组合时不碰牌

当手牌中的对子左右两侧都存在相连的牌时，通常不建议碰牌，因为碰牌后左右两边相邻的牌组合成坎的难度会增加，从而影响下叫。

无安全牌可舍时不碰牌

当其余玩家都已经下叫，玩家有机会碰牌时，如果碰牌后只能舍出危险牌或生张，通常建议不要碰牌，因为碰牌后舍出的牌容易给其他玩家放炮。

下图是玩家盘中阶段手牌的牌型，当有其他玩家舍出六筒时，该玩家是否需要选择碰牌呢？

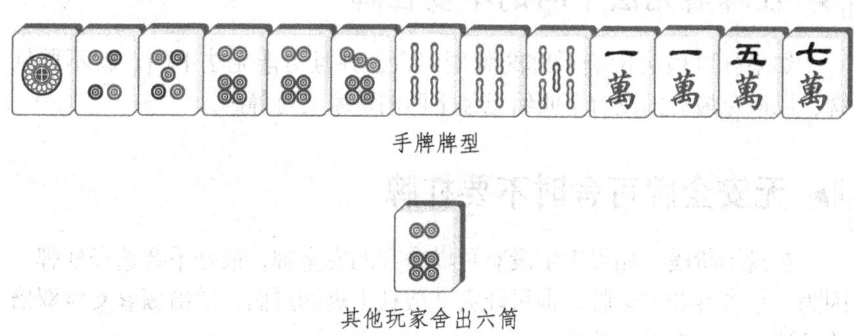

手牌牌型

其他玩家舍出六筒

通常我们会按照下面的方式拆分组合牌型。

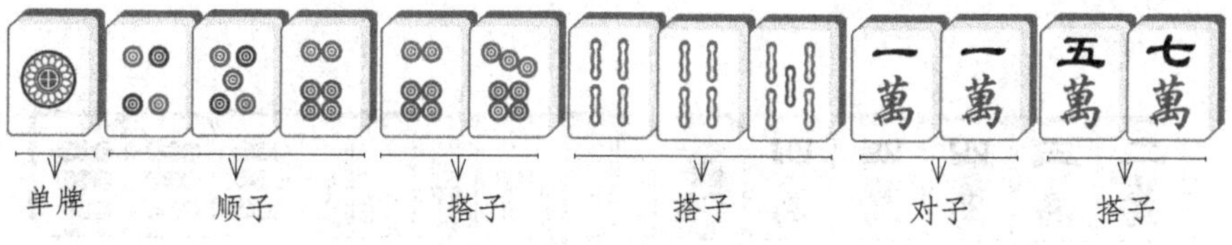

当有玩家舍出六筒时，如果抱着能碰就碰的想法择选碰六筒，原来已经组合成坎的顺子会被拆分，七筒也变成了单牌。

如果不碰六筒，我们摸入任意 1 张筒子，都有机会与手中的筒子组合成坎，其牌型组合的变化也会更多，从而能加速组合成下叫牌型。所以当有玩家舍出六筒时，建议不要碰牌。

四、杠牌的基本要领

因为杠牌会增加和牌后的番数，所以当玩家在遇到杠牌机会时，往往会毫不犹豫地开杠。但当我们遇到下面两种情况时，不要轻易选择开杠。

杠牌后无法下叫的不要杠牌

如果杠牌后会影响手牌的牌型组合，并且可能无法下叫，就不要杠牌，以避免最后因没有下叫给已经下叫的玩家支付筹码。

无安全牌可舍时不要杠牌

在盘尾阶段，如果手中没有可以舍弃的安全牌，最好不要选择杠牌。因为一旦舍弃非安全牌，很可能会造成杠上炮的局面，要给赢家支付双倍的筹码，这样会得不偿失。

下图是玩家盘尾阶段的牌型，下叫五、八条，牌墙中还有 4 墩牌，每人还有 2 次摸牌机会。此时，有其他玩家舍出了四万，该玩家是否要杠牌呢？

手牌牌型

玩家舍出四万

假设我们选择了杠四万，杠牌后在没有摸入1张牌前，手牌牌型如下图所示。

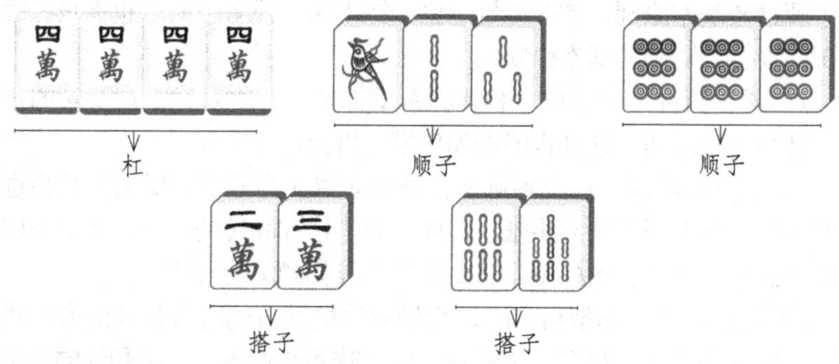

通过杠牌后的牌型可以看出，原来的二、三、四万顺子已经被拆分，手牌中已经没有将牌，所以原本已经下叫的牌型，杠牌后反而没有下叫。

理论上我们如果能摸入一、二、三万，或者摸入五、六、七、八条，都可以下叫。但因为牌局已经接近尾声，摸牌的机会很少，所以杠牌后不但很难再下叫，还容易杠上炮，因此这种情况下不建议杠牌。

五、听牌的基本要领

我们玩麻将的最终目的是和牌，但要想和牌，就必须先听牌，即要先下叫。刚接触麻将的朋友，经常会遇到两个问题：一是很难下叫，二是虽然下叫很早，但难以和牌。导致这两个问题的主要原因是没有掌握听牌的基本要领。

（1）听牌的基本原则

为了能快速听牌并最终和牌，我们需要了解听牌的一些基本原则，只有了解这些基本原则，才能尽量避免无法下叫，或者下叫了也很难和牌的情况的发生。听牌的基本原则如下。

1）通常情况下叫越早，和牌的希望就越大，所以我们在玩牌的过程中，要尽量早下叫，这样也能增加自摸的机会。

2）在盘尾阶段，由于各玩家舍牌都显得尤为谨慎，玩家往往会选择舍弃熟张，而非冒险舍弃生张。因此，为了增加和牌的机会，我们下叫时应尽量选择听熟张。这样做将有助于提高我们和牌的可能性。

3）在进行下叫牌型组合时，我们应尽量朝着能听多张牌的方向进行组合。因为理论上，每多一个听牌，就意味着我们多了 4 次和牌的机会。所以，尽量听多张牌，这样能增加我们和牌的机会。

4）有时我们很早就下了叫，但长时间无法和牌，这种情况说明我们所需要的牌很可能已经在其他玩家手中。所以只要有机会换叫，就要迅速调整，改变听牌的方向。

（2）常见的听牌类型

对于刚开始接触麻将的朋友们来说，了解并掌握一些常见的听牌类型是至关重要的。只有当我们清楚了这些常见的听牌类型，才能在玩牌的过程中根据手中的牌有针对性地选择听哪种类型的牌。

本节将只介绍一些常见的听牌类型，主要介绍听 1 张牌到 5 张牌的不同情况，听更多张牌的情况在实战中非常少见，所以本节将不做介绍。

听 1 张牌的常见类型

常见听 1 张牌的牌型有单钓、嵌张和边张 3 种情况。

1）单钓牌型

单钓牌型是指手牌已经组成了 4 坎牌，只剩 1 张单牌，只需要再进 1 张与单牌相同的牌组成将牌，即可和牌。

下图是单钓牌型，下叫三万，和牌后 1 对三万做将牌。

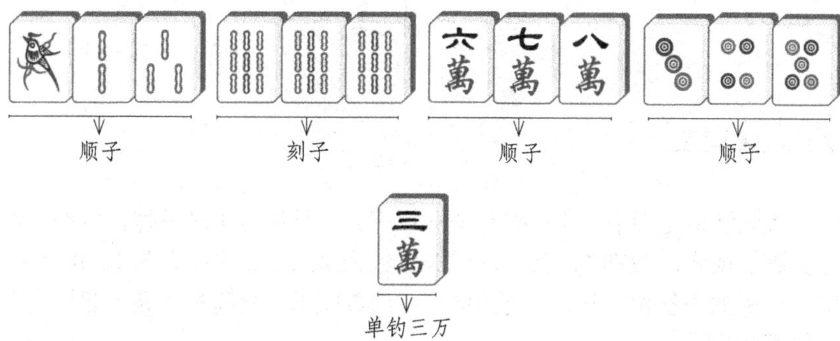

2）嵌张牌型

嵌张牌型是指手牌已经组成了 3 坎牌，并且还有 1 对将牌，另外 2 张序数牌间隔 1 个数字，只要这张间隔的序数牌即可和牌。例如三条和五条，中间只间隔 1 张四条，这张四条就是嵌张，四条可与三条和五条组合成 1 坎顺子。

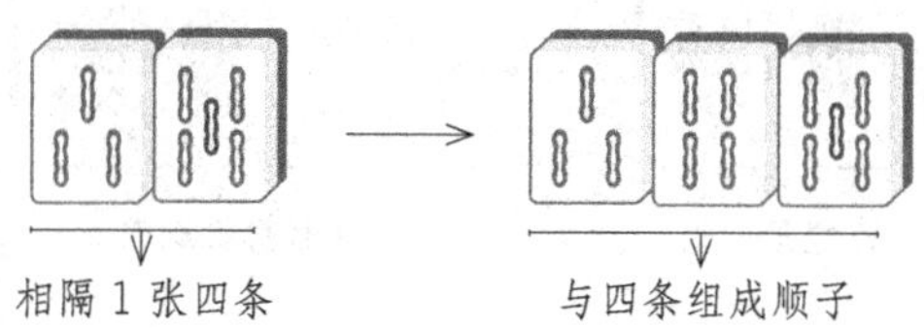

下图是嵌张牌型，下叫二条，和牌后二条与一条、三条组成1坎牌。

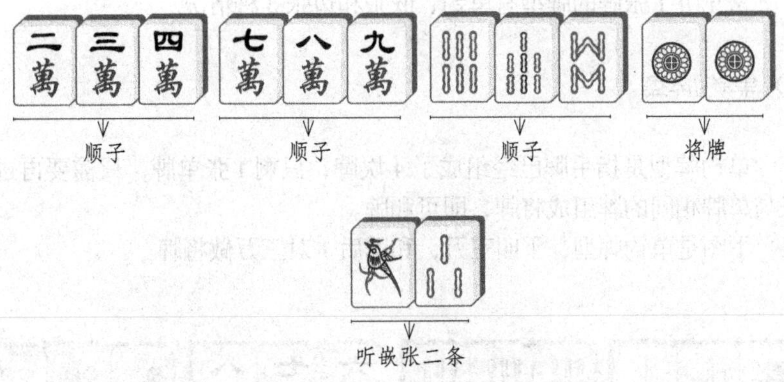

3）边张牌型

边张牌型是指手牌中已经组成3坎牌，并且还有1对将牌，只差1张序数牌3或者序数牌7，就可以组成序数为1、2、3或序数为7、8、9的顺子。例如一条和二条，能与边张三条组成顺子；九筒和八筒，能与边张七筒组成顺子。

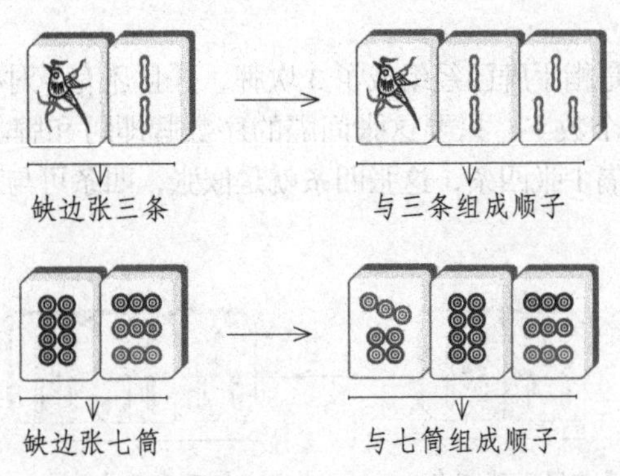

下图是边张牌型，下叫边张三万，和牌后三万与一万、二万组成 1 坎牌。

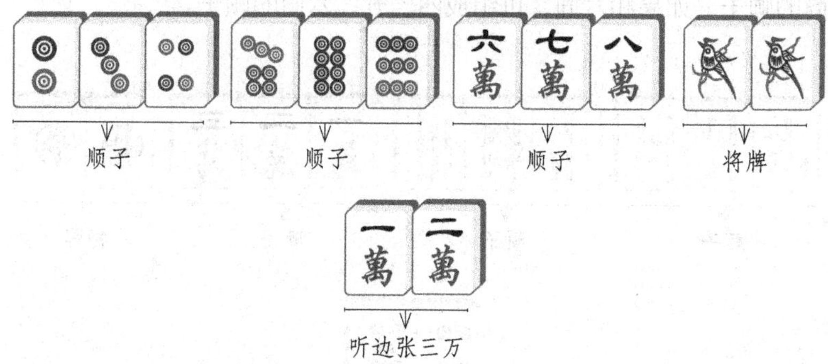

听 2 张牌的常见类型

当我们手牌处于“听 2 张牌”的状态时，只需这两张牌中的任意一张即可和牌，听 2 张牌的和牌机会相较于仅听单张牌的和牌机会要大。常见的“听 2 张牌”的牌型包括两面听、双钓将、双碰听、单钓带边张和单钓带嵌张这 5 种情况。

1）两面听牌型

两面听是听牌方式中最普遍的一种，听牌后手牌中已经形成了 3 坎牌和 1 对将牌，另外 2 张牌是相连的序数牌，这 2 张牌可与左右两边相邻的牌组成顺子。

例如，没有成坎的 2 张牌是相连的序数牌六万和七万，左右两边相邻的序数牌五万和八万都可以与其组成 1 坎顺子。

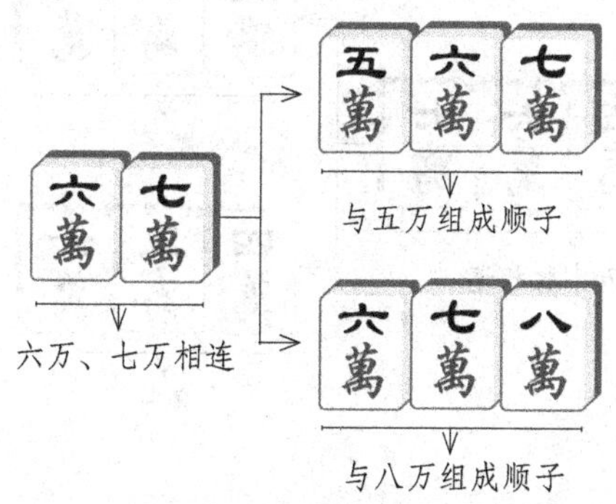

下图是两面听牌型，下叫三筒和六筒，如果和三筒，可组成三、四、五筒的顺子，如果和六筒，可组成四、五、六筒的顺子。

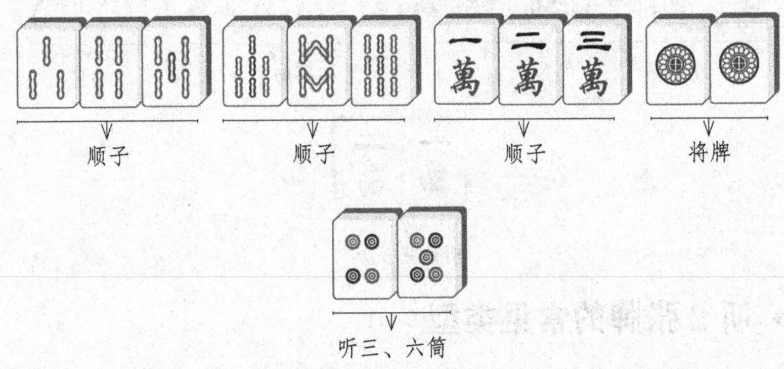

2）双钓将牌型

双钓将是指手牌中已经组成 4 坎牌，剩余 1 张牌是序数牌，且与已经组合成坎的 1 组序数牌相邻，即这 4 张牌是相连的序数牌。只需要再入 1 张左边或右边的牌，组成一对将牌即可和牌。双钓将也是常见的一种听牌类型。

例如，4 张相连的序数牌是四、五、六、七万，只需要再入 1 张四万或七万，即可组成 1 对将牌，另外 3 张牌组成 1 坎顺子。

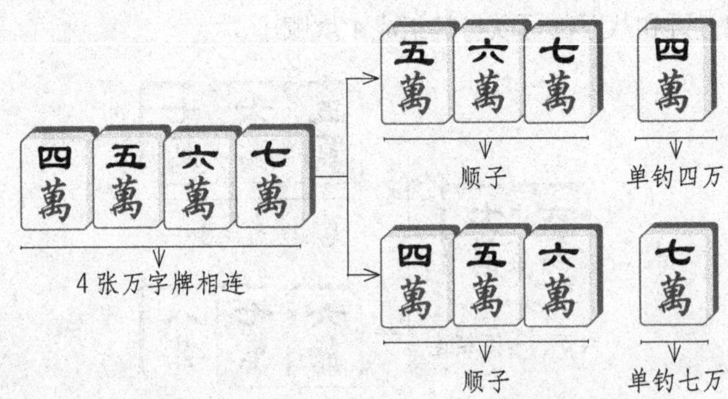

下图是双钓将牌型，下叫四条和七条。如果和四条，1对四条做将牌，剩余3张牌组成五、六、七条的顺子；如果和七条，1对七条做将牌，剩余3张牌组成四、五、六条的顺子。

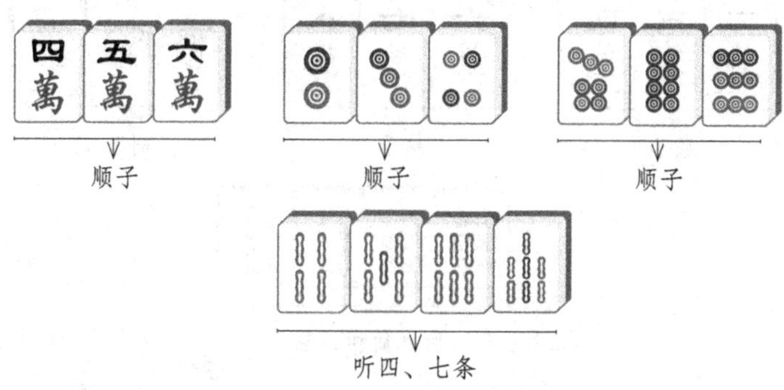

3）双碰听牌型

双碰听是指手牌已经组成3坎牌，剩余4张牌是2个对子，对子可以是序数牌，也可以是风牌和三元牌。只需要碰或摸入2个对子中的任意一张牌即可和牌。和牌后，其中一个对子组成刻子，另一个对子做将牌。

例如，手牌除已经成组的3坎牌外，剩下的4张牌是1对一条和1对六万。再入1张一条或六万，即可组成1组刻子和1对将牌。

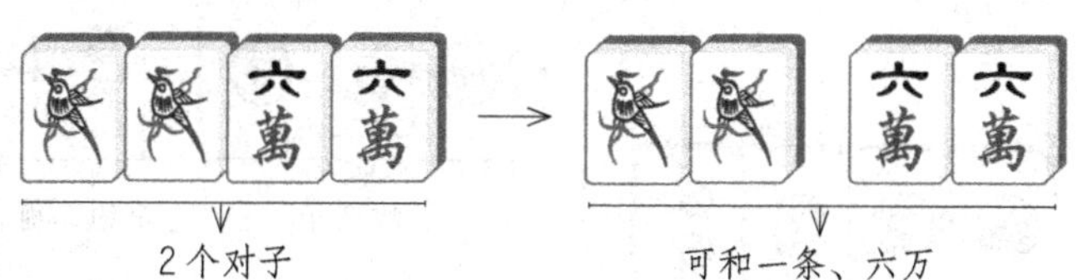

下图是双碰听牌型，下叫九筒和四条。如果和九筒，3个九筒组成1坎牌，1对四条做将牌；如果和四条，3个四条组成1坎牌，1对九筒做将牌。

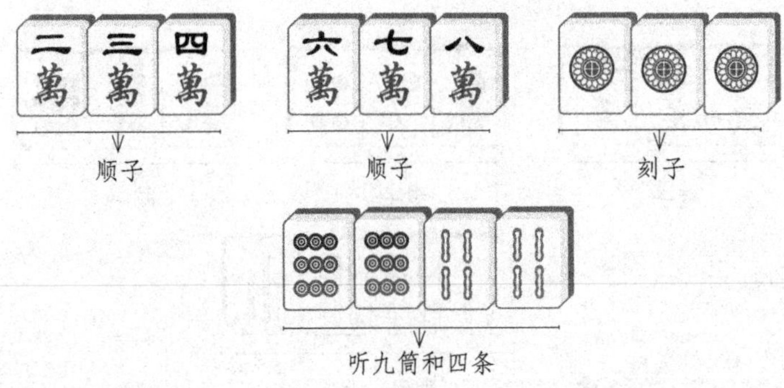

4）单钓带边张牌型

单钓带边张牌型是指手牌已经组成了4坎牌，其中包含一组序数牌是1或9的暗刻，另外一张单牌与暗刻同花色且相邻，即是相邻的序数牌2或8。只需要再入1张相同的单牌，或花色相同的相连序数牌3或7即可和牌。刚玩麻将的朋友，容易将刻子和单张分开，认为只能和单钓的单张牌，当另一张可和的牌出现后，因自己不清楚而没有和牌。

例如，手牌中已经组成4坎牌，其中有1个一筒的暗刻，另外1张单牌是二筒。当再入1张二筒或三筒即可和牌。如果和二筒，1对二筒做将牌；如果和三筒，1对一筒做将牌。

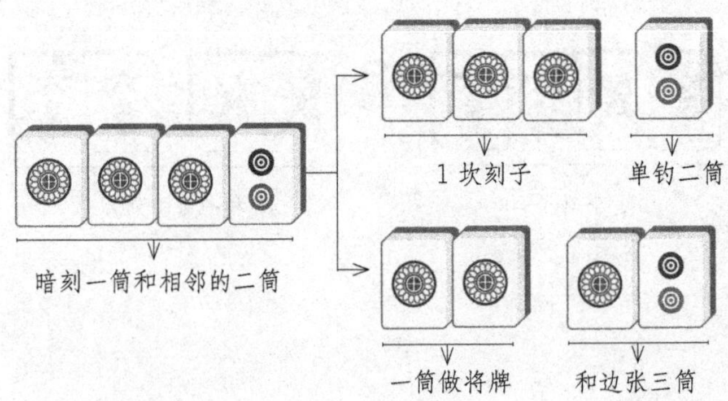

如果刻子是序数牌 9，其组合情况与刻子是序数牌 1 类似。

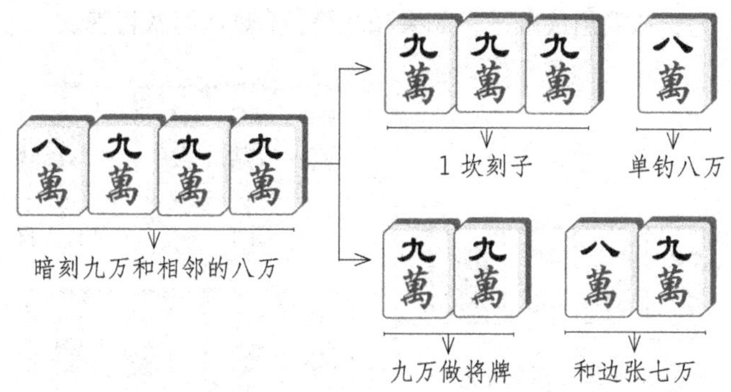

下图是单钓带边张牌型，下叫七条和八条。如果和七条，1 对九条做将牌，七、八、九条组成 1 坎牌；如果和八条，1 对八条做将牌，3 个九条组成 1 坎牌。

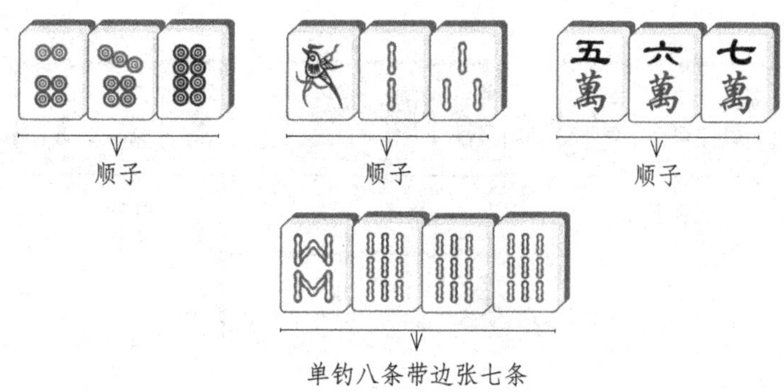

5）单钓带嵌张牌型

单钓带嵌张牌型有两种情况。第一种情况：手牌已经组成 4 坎牌，其中包含 1 坎暗刻，另外 1 张牌与暗刻同花色且只间隔 1 张序数牌。只要入 1 张相同的单牌或间隔的那张序数牌，即可和牌。

例如，手牌已经组成 4 坎牌，其中有 1 个六筒的暗刻，另外 1 张单牌是八筒。当再入 1 张七筒或八筒时即可和牌。如果和七筒，1 对六筒做将牌，六、七、八筒组成顺子；如果和八筒，1 对八筒做将牌。

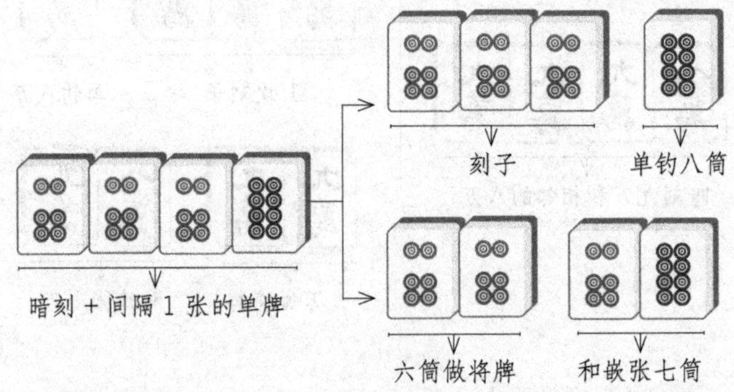

下图是单钓带嵌张牌型，单钓一条带嵌张二条。如果和一条，1 对一条做将牌，3 个三条组成 1 坎牌；如果和二条，一对三条做将牌，一、二、三条组成 1 坎牌。

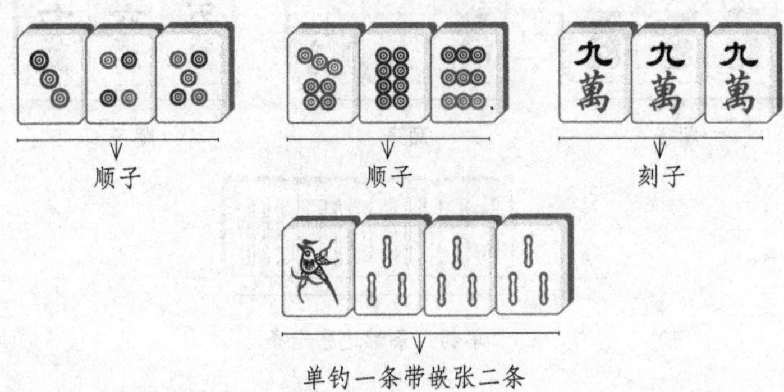

单钓带嵌张牌型的第二种情况：手牌已经组成 4 坎，其中包含 1 坎暗刻，以及与暗刻相连的顺子，另外 1 张花色相同的单牌与顺子间隔 1 张牌。

例如，手牌中已经有 4 坎牌，其中有 1 坎三筒的暗刻，以及 1 坎四、五、六筒的顺子，剩 1 张单牌是八筒。该牌型是单钓带嵌张牌型，可和七、八筒。

当 1 对三筒做将牌，六、七、八筒组成顺子时，可和嵌张七筒。

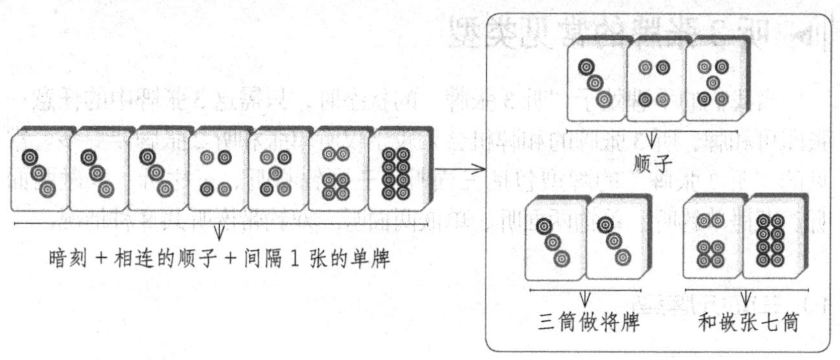

当 3 个三筒组成 1 坎，四、五、六筒组成顺子时，单钓八筒。

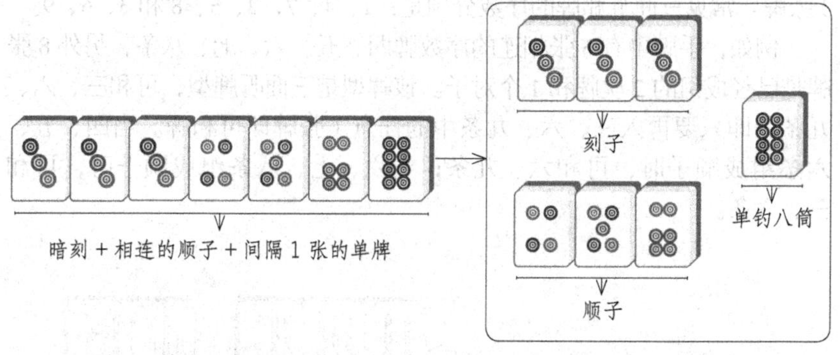

下图是单钓带嵌张牌型，单钓九万带嵌张八万。如果和八万，1 对四万做将牌，四、五、六万和七、八、九万分别组成 1 坎牌；如果和九万，1 对九万做将牌，3 个四万组成 1 坎牌，五、六、七万组成 1 坎牌。

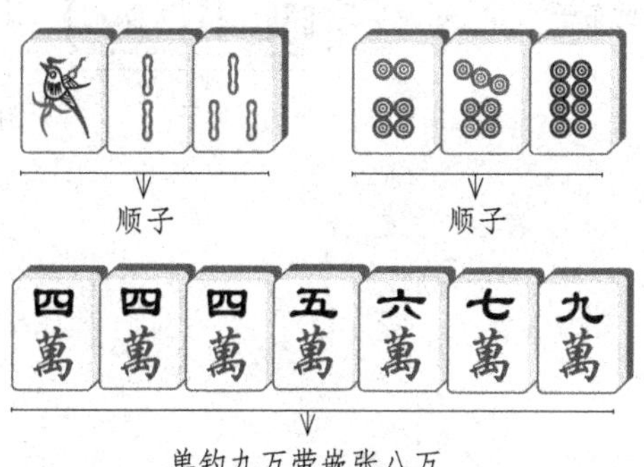

听3张牌的常见类型

当我们的手牌处于“听3张牌”的状态时，只需这3张牌中的任意一张即可和牌，听3张牌的和牌机会相较于仅听单张和听2张牌要更多。常见的“听3张牌”的牌型包括三面听、三面钓将听、三碰听、双碰两面听、双碰单钓听、单钓两面听、单嵌两面听、双钓带嵌听共8种情况。

1）三面听牌型

三面听也是常见的一种听牌类型，如果手中有5张相连的序数牌，且首尾牌的序数不是1和9，另外8张牌包含2坎牌和1个对子，该牌型听3张牌。常见三面听和牌的序数分别是：1、4、7，2、5、8和3、6、9。

例如，手牌中有5张相连的序数牌四、五、六、七、八条，另外8张牌是已经成组的2坎牌和1个对子。该牌型是三面听牌型，可和三、六、九条，即只要再入三、六、九条中的任意1张牌即可和牌。当四、五、六条组成顺子时，可和六、九条；当六、七、八条组成顺子时，可和三、六条。

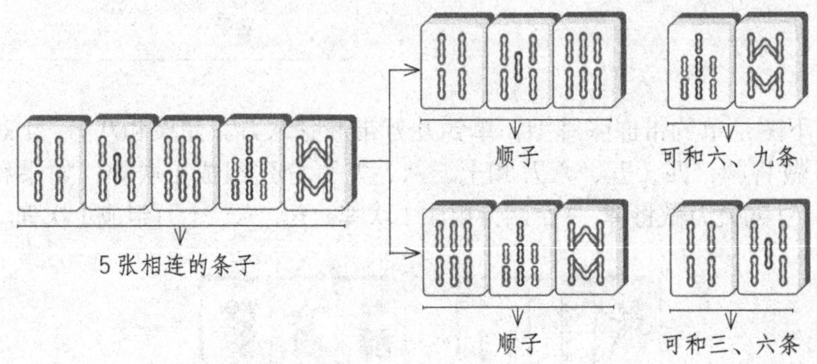

下图是三面听牌型，可和二、五、八万。当三、四、五万组成 1 坎时，可和五、八万；当五、六、七万组成 1 坎时，可和二、五万。

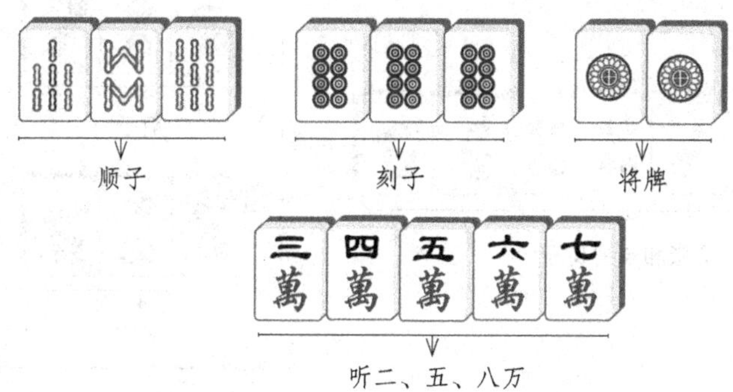

2）三面钓将听牌型

当手牌中有 7 张相连的序数牌，另外 6 张牌是已经组合成坎的 2 组牌，该牌型就是三面钓将牌型，听 3 张牌。

例如，手牌有 7 张序数相连的筒子牌，另外 6 张已经组合成 2 坎牌，该牌型是三面钓将听牌型，可和一、四、七筒。

当二、三、四筒和五、六、七筒分别组成 1 坎牌时，可和一筒。

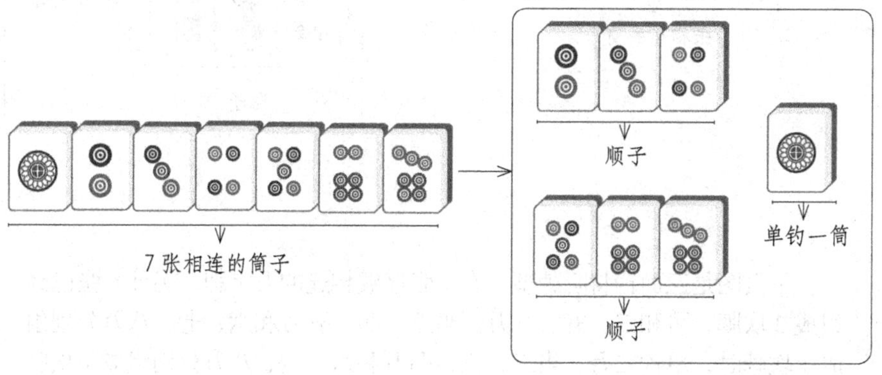

当一、二、三筒和五、六、七筒分别组成1坎牌时，可和四筒。

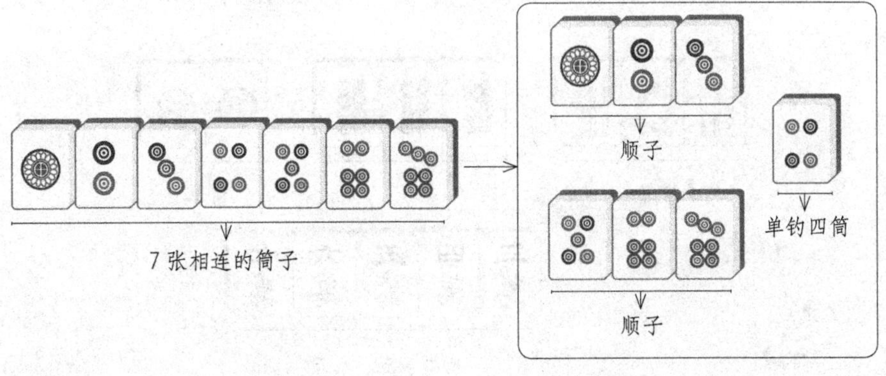

当一、二、三筒和四、五、六筒分别组成1坎牌时，可和七筒。

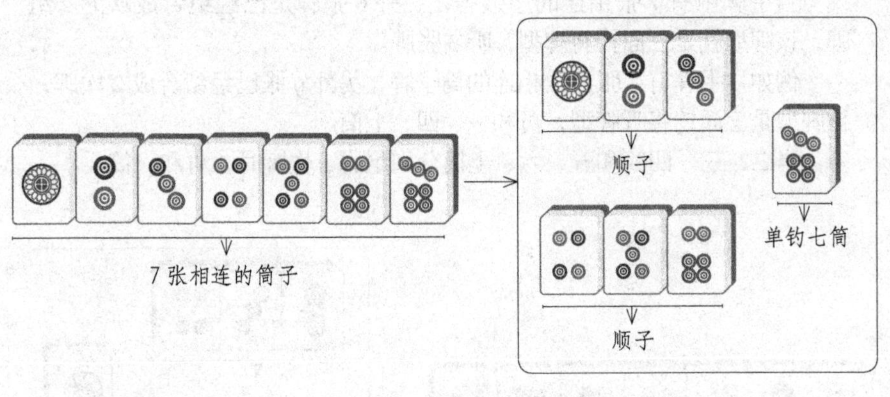

下页图是三面钓将听牌型，有7张序数相连的万字牌，另外6张已经组成2坎牌，可和二、五、八万。当三、四、五万和六、七、八万分别组成1坎牌时，单钓二万；当二、三、四万和六、七、八万分别组成1坎牌时，单钓五万；当二、三、四万和五、六、七万分别组成1坎牌时，单钓八万。

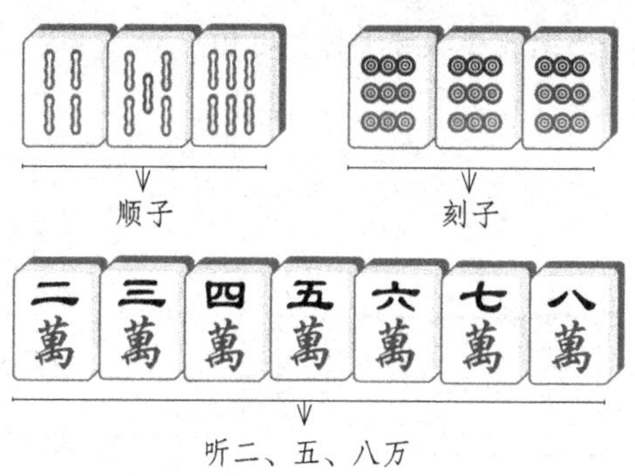

3）三碰听牌型

如果手牌中有同一花色的 4 连对子，另外 5 张牌包含已经组成坎的 1 组牌和 1 对牌，该牌型就是三碰听牌型，听 3 张牌。

例如，手牌中有 4 对序数相连的条子，另外 5 张牌包含组合成坎的 1 组牌，以及 1 对九筒，该牌型是三碰听牌型，可和四条、七条和九筒。

当四、五、六条组成 2 坎顺子时，可和七条、九筒。

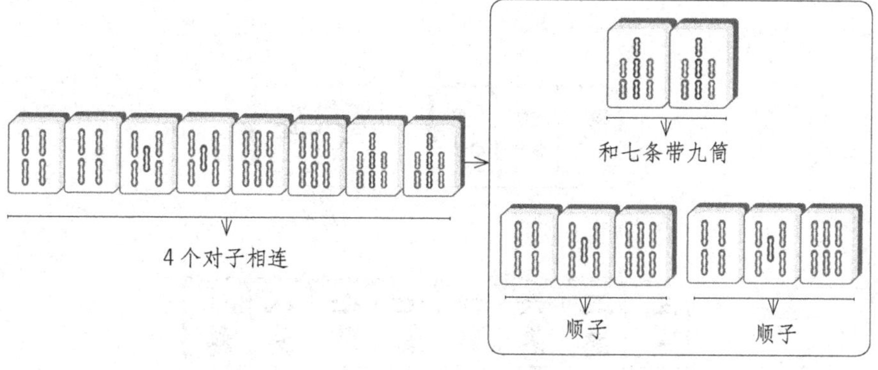

当五、六、七条组成 2 坎顺子时，可和四条、九筒。

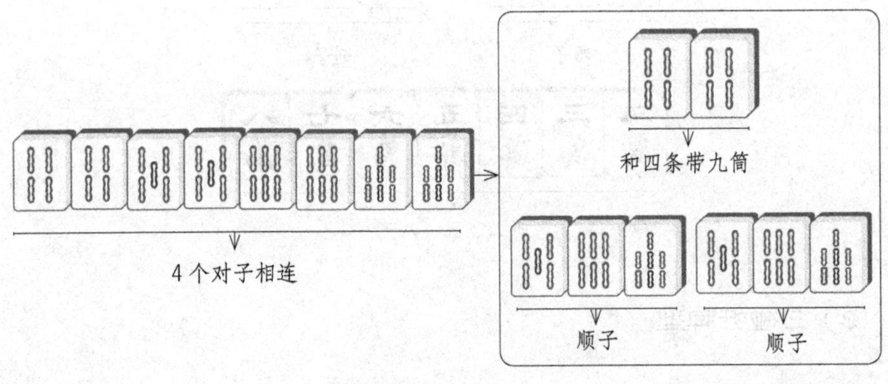

下图是三碰听牌型，其中有 4 对序数相连的万字牌，另外 5 张牌包含 1 坎顺子和 1 对一条，可和五、八万和一条。当五、六、七万组成 2 坎牌时，和八万、一条；当六、七、八万组成 2 坎牌时，和五万、一条。

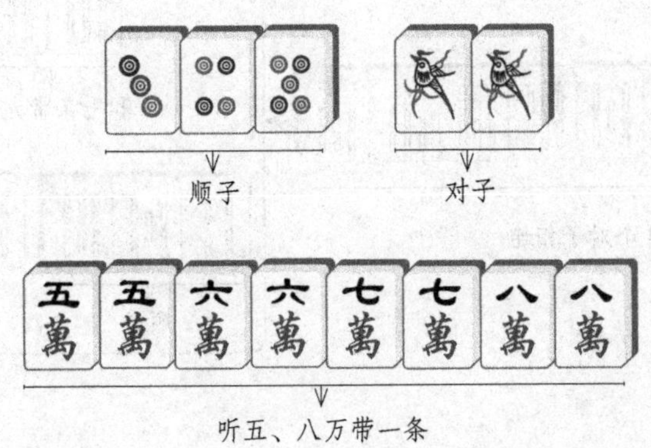

4）双碰两面听牌型

如果手牌中有5张花色相同且相连的序数牌，这5张牌中包含1个暗刻，刻子在一边，另一边的单牌的序数不是1或9。另外8张牌包含已经组成坎的2组牌和1个对子，该牌型就是双碰两面听牌型，听3张牌。

例如，手牌中有5张相连的筒子牌，分别是3个六筒和七、八筒，另外8张牌包含了2坎万字牌和1对九条。该牌型是双碰两面听牌型，可和六筒、九筒和九条。

当3个六筒组成1坎时，和六、九筒；当六、七、八筒组成1坎时，和六筒、九条。

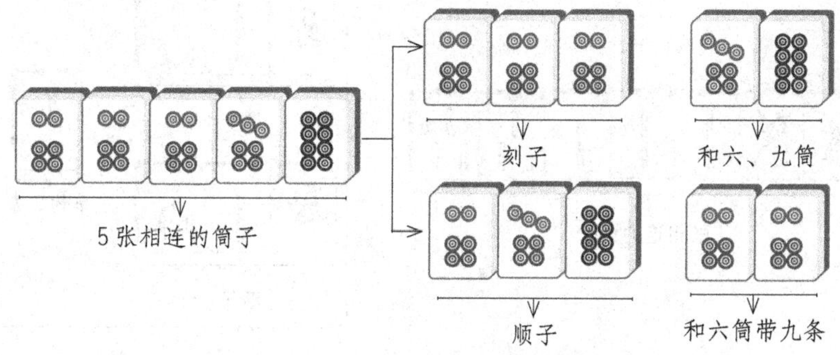

下图是双碰两面听牌型，有1坎万字牌和1坎筒子牌，以及1对一筒，另外5张牌的序数相连且右边是3个六条，可和三条、六条和一筒。当3个六条组成1坎牌时，和三、六条；当四、五、六条组成1坎时，和六条、一筒。

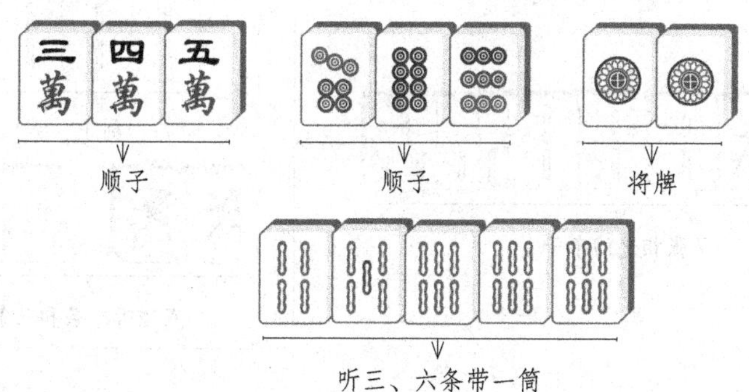

5）双碰单钓听牌型

如果手牌中有 7 张花色相同且相连的序数牌，这 7 张牌的左右两边是对子，中间是刻子，另外 6 张牌是已经组合成坎的 2 组牌，该牌型就是双碰单钓听牌型，听 3 张牌。

例如，手牌中有 7 张相同花色的条子，分别是 1 对一条、3 个二条和 1 对三条，另外 6 张牌已经组合成坎。该牌型是双碰单钓听牌型，听 3 张牌。

当一、二、三条分别组成 2 坎牌时，单钓二条。

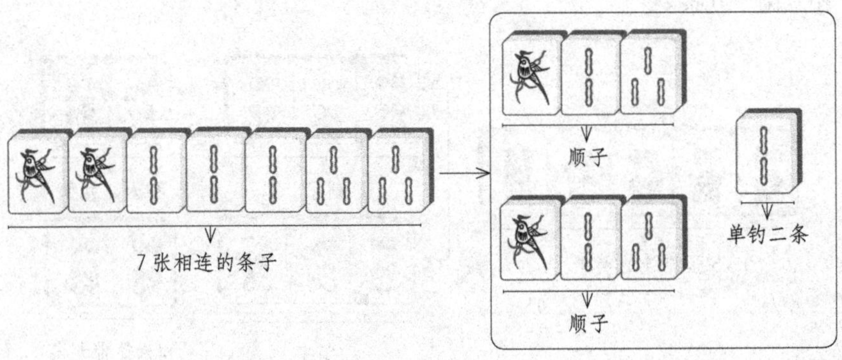

当 3 个二条组成 1 坎时，可和一、三条，如果和一条，三条做将牌；如果和三条，一条做将牌。

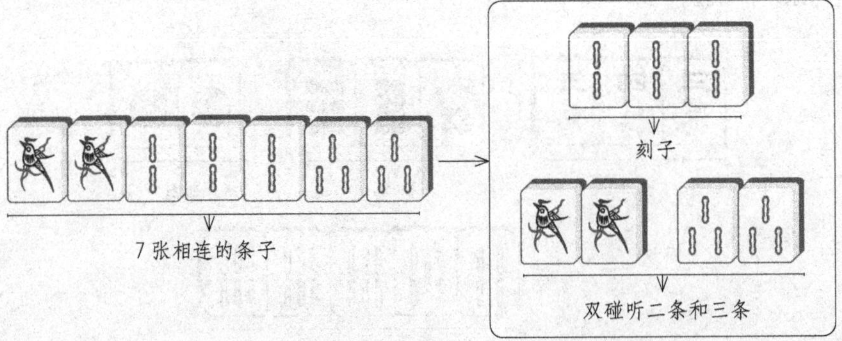

下图是双碰单钓听牌型，有 1 坎条子牌和 1 坎万字牌，其余的 7 张牌是序数相连的筒子牌，分别是 1 对七筒，3 个八筒和 1 对九筒，可和七、八、九筒。当七、八、九筒组成 2 坎顺子时，单钓八筒；当 3 个八筒单独组成一坎时，和七、九筒。

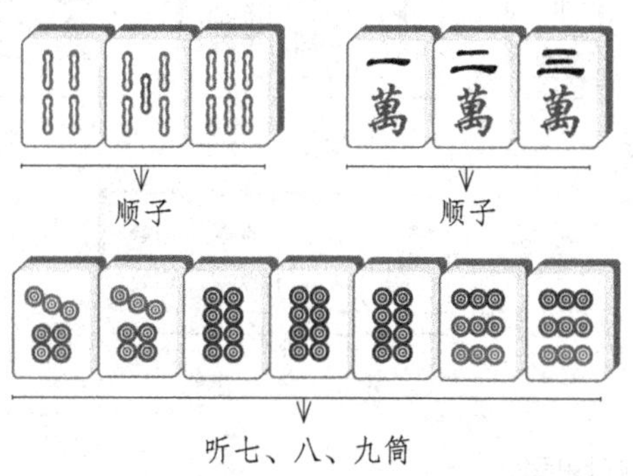

6）单钓两面听牌型

如果手牌已经组成 4 坎牌，其中包含 1 坎暗刻，另一张单牌与刻子花色相同并相连，且序数不是 1 或 9，该牌型就是单钓两面听牌型，听 3 张牌。

例如，手牌中已经有 4 坎牌，其中 1 坎牌是暗刻四条，另外 1 张单牌是五条。该牌型是单钓两面听牌型，听 3 张牌。

当 3 个四条组成 1 坎时，单钓五条；当 1 对四条做将牌时，和三、六条。

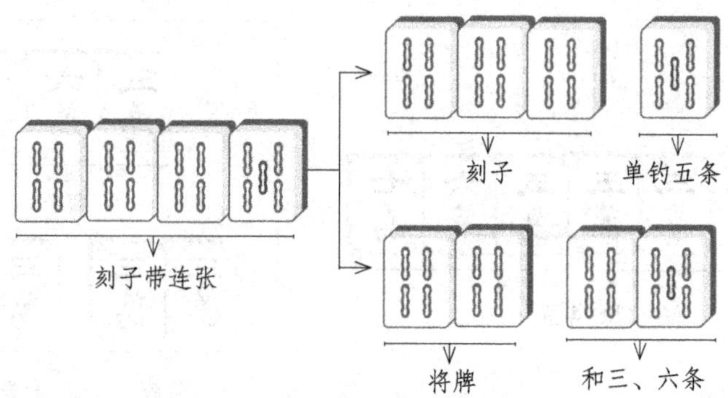

下图是单钓两面听牌型，有 2 坎条子和 1 坎万字，剩余 4 张筒子是 1 个四筒的刻子，以及与四筒相连的三筒，可和二、三、五筒。当 3 个四筒组成 1 坎时，单钓三筒；当 1 对四筒做将牌时，和二、五筒。

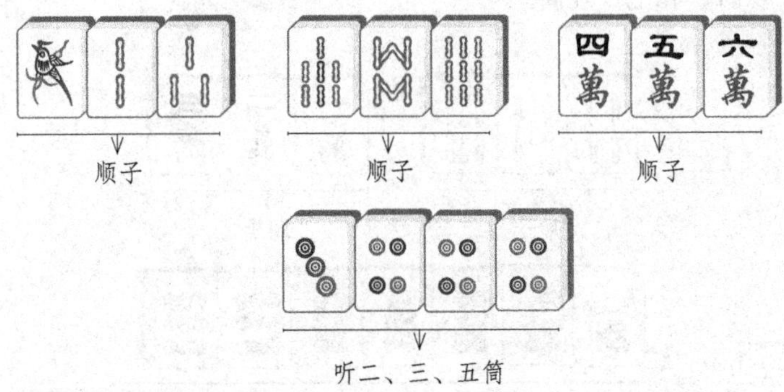

7）单嵌两面听牌型

如果手牌已经组成 4 坎牌，其中 2 坎牌花色相同，一个是刻子，另一个是顺子，且顺子与刻子之间只相隔 1 张序数牌。另外 1 张单牌花色与刻子相同，且与顺子左边或右边的牌相同。这 7 张牌的牌型组合形式是 AAACCDE，且 E 的序数不是 9，或 ABCCEEE，且 A 的序数不是 1，该牌型就是单嵌两面听牌型，听 3 张牌。

例如，手牌中已经有 4 坎牌，其中包含 2 坎万字牌，1 个三万的刻子和 1 个五、六、七万的顺子，另外 1 张单牌是五万，该牌型就是单嵌两面听牌型，听 3 张牌。

当五、六、七万组成 1 坎，1 对三万做将牌时，和嵌张四万。

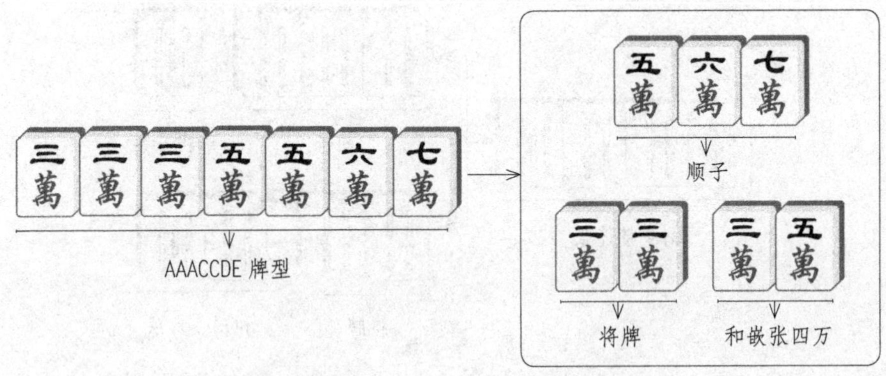

当3个三万组成1坎，1对五万做将牌时，和五、八万。

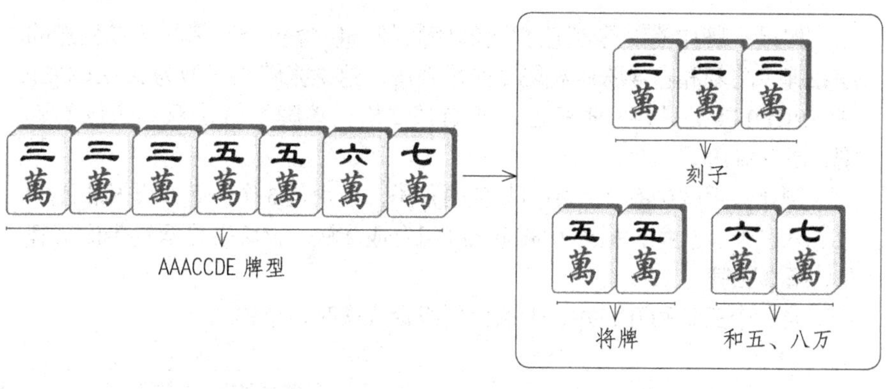

下图是单嵌两面听牌型，7张筒子牌中包含1个刻子七筒，以及三、四、五筒的顺子，以及单牌五筒，另外6张牌已经组合成2坎，可和二、五、六筒。当1对五筒做将牌，3个七筒组成1坎时，和二、五筒；当1对七筒做将牌，三、四、五筒组成1坎时，和嵌张六筒。

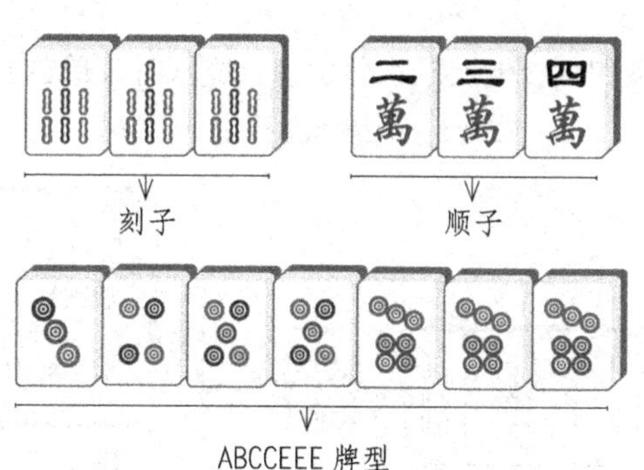

8）双钓带嵌听牌型

如果手牌中有7张花色相同的序数牌，包含一个暗刻和4张相连的序数牌，暗刻和这4张牌相隔1张序数牌，这7张牌的牌型为AAACDEF或ABCDFFF，另外6张牌已经组合成2坎。该牌型就是双钓带嵌听牌型，听3张牌。

例如，手牌中有7张相同花色的条子，分别是3个三条，以及相连的五、六、七、八条，另外6张牌已经组合成2坎。该牌型是双钓带嵌听牌型，听3张牌。

当3个三条和五、六、七条分别组合成坎时，单钓八条。

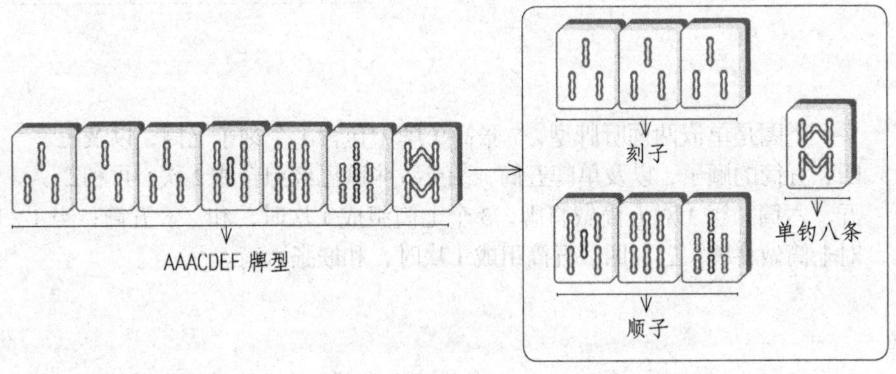

当3个三条和六、七、八条分别组合成坎时，单钓五条。

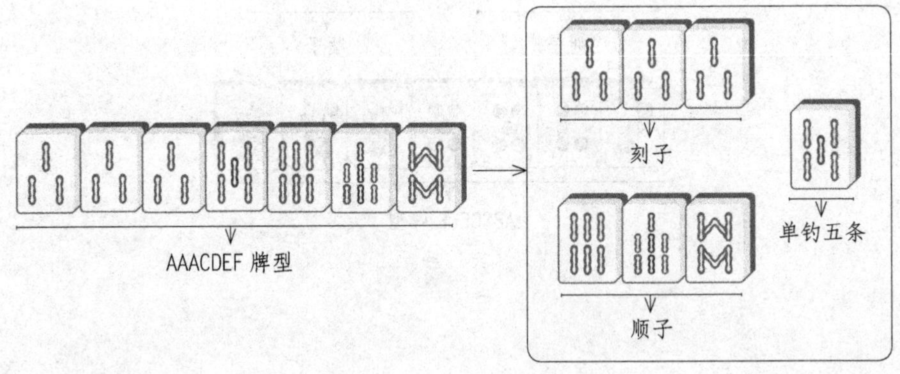

当六、七、八条组合成1坎，1对三条做将牌时，和嵌张四条。

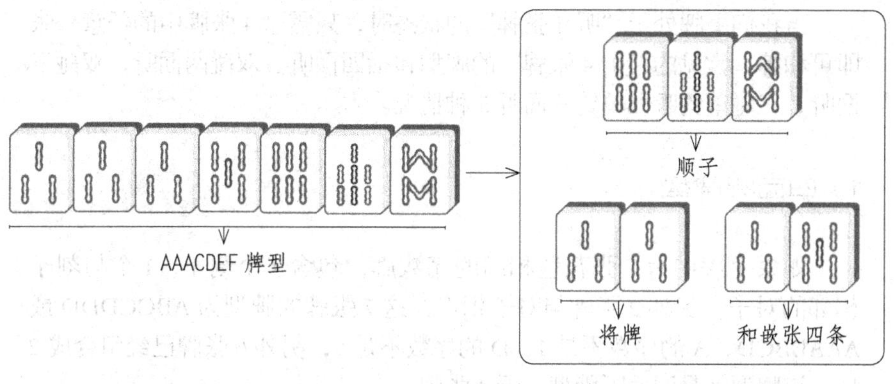

下图是双钓带嵌听牌型，其中有7张万字牌，包含1个八万的刻子，以及三、四、五、六万，另外6张牌已经组合成2坎，可和三、六、七万。当三、四、五万和3个八万分别组成1坎时，单钓六万；当四、五、六万和3个八万分别组成1坎时，单钓三万；当1对八万做将牌，三、四、五万组成1坎时，和嵌张七万。

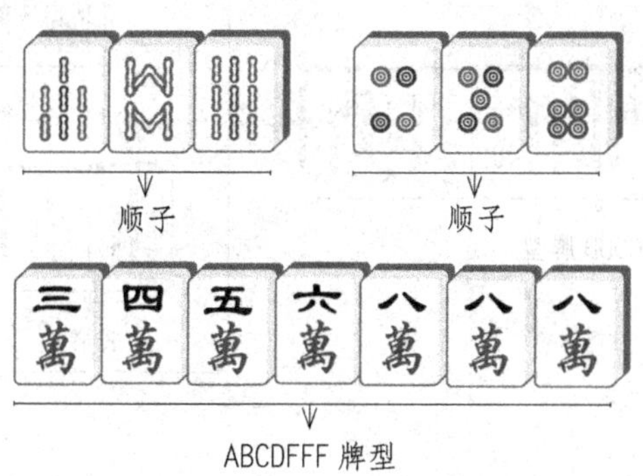

听 4 张牌的常见类型

当我们手牌处于“听 4 张牌”的状态时，只需这 4 张牌中的任意一张即可和牌。常见的“听 4 张牌”的牌型包括四面听、双碰两面听、双碰三面听、三碰单钓听和单钓三面听 5 种情况。

1）四面听牌型

如果手牌中有 7 张花色相同的序数牌，包含 1 个刻子，1 个与刻子相邻的对子，另外 2 张牌与对子相连，这 7 张牌的牌型为 ABCCDDD 或 AAABBCD，A 的序数不是 1，D 的序数不是 9，另外 6 张牌已经组合成 2 坎。该牌型就是四面听牌型，听 4 张牌。

例如，手牌中有 7 张花色相同的条子，包含 1 个八条的刻子和 1 对七条，以及五条和六条，另外 6 张牌已经组合成 2 坎，该牌型是四面听牌型，听 4 张牌。

当 3 个八条组成 1 坎，1 对七条做将牌时，和四、七条。

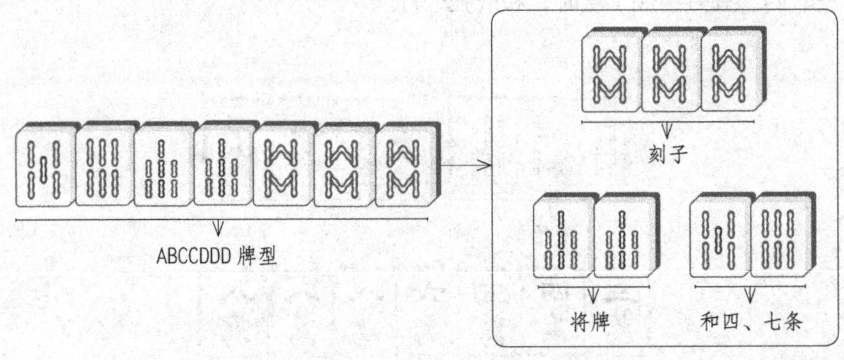

当五、六、七条组成1坎，1对八条做将牌时，和六、九条。

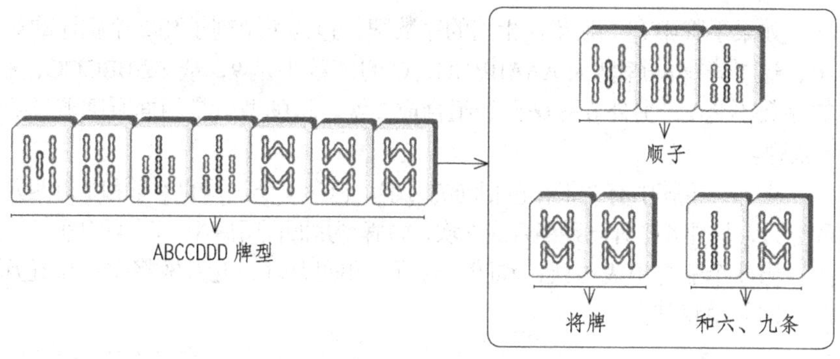

如果我们对这种牌型不熟悉，通常会将刻子组成1坎牌，对子做将牌，只能看清和四、七条，即使自己摸到六、九条也不清楚已经自摸和牌。

下图是四面听牌型，其中有7张筒子牌，包含1个三筒的刻子和1对四筒，以及五筒和六筒，另外6张条子也已经组合成2坎牌，可和二、四、五、七筒。当1对四筒做将牌，3个三筒组成1坎时，和四、七筒；当1对三筒做将牌，四、五、六筒组成1坎时，和二、五筒。

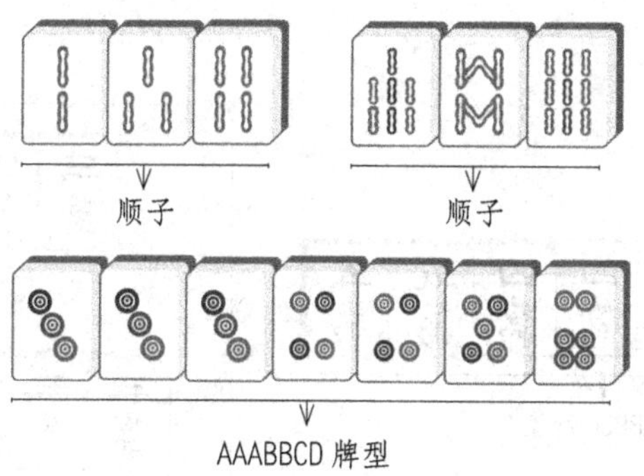

2）双碰两面听牌型

如果手牌中有 7 张花色相同的序数牌，包含 1 个刻子和 2 个相连的对子，这 7 张牌的牌型为 AAABBCC，C 的序数不是 9，或 AABBCCC，A 的序数不是 1，另外 6 张牌已经组合成 2 坎。该牌型就是四面听牌型，听 4 张牌。

例如，手牌中有 7 张花色相同的万字，包含 1 个三万的刻子和 1 对四万和五万，另外 6 张牌已经组合成 2 坎，该牌型是四面听牌型，听 4 张牌。

当 3 个三万组成 1 坎，和四、五万。和四万时，五万做将牌；和五万时，四万做将牌。

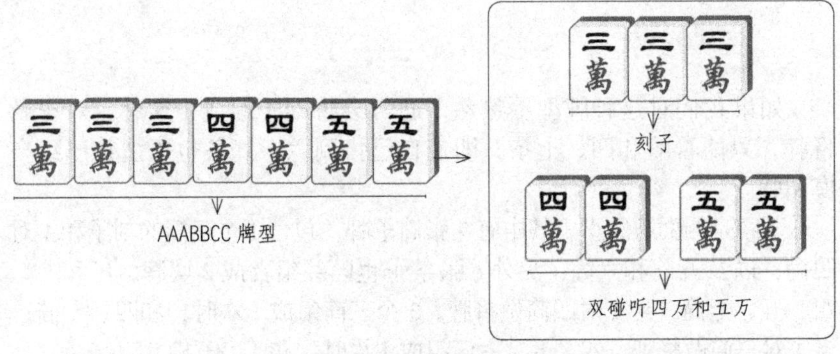

当三、四、五万组成 1 坎，1 对三万做将牌时，和三、六万。

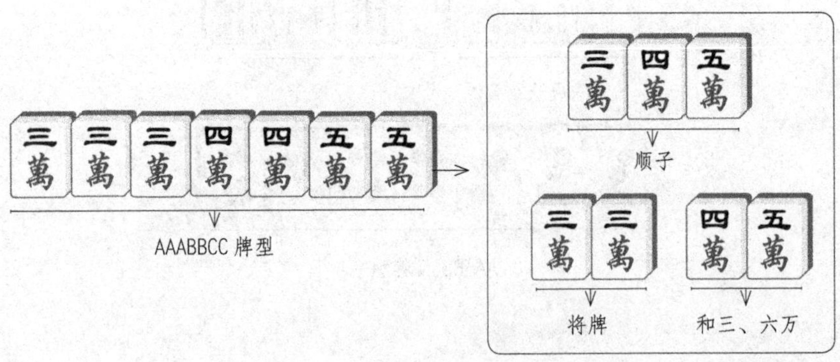

下图是双碰两面听牌型，其中有7张万字牌，包含1个八万的刻子和一对六万和七万，另外6张牌也已经组合成2坎牌，可和五、六、七、八万。当3个八万组成1坎时，和六、七万；当1对八万做将牌，六、七、八万组成1坎时，和五、八万。

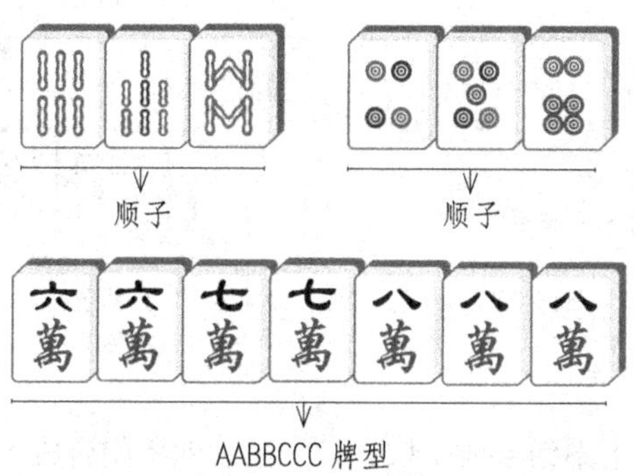

3）双碰三面听牌型

如果手牌中有8张花色相同的序数牌，这8张牌序数相连且开始或结尾是1组暗刻，其牌型为ABCDEFFF，A的序数不是1，或AAABCDEF，F的序数不是9，另外5张牌包含1坎牌和1个对子。该牌型是双碰三面听牌型，听4张牌。

例如，手牌中有8张序数相连的条子，其中包含1个七条的刻子，刻子在一边，另外5张牌包含1坎牌和1对一筒，该牌型是双碰三面听牌型，听4张牌。

当3个七条组合成1坎，二、三、四条组合成1坎时，和四、七条。

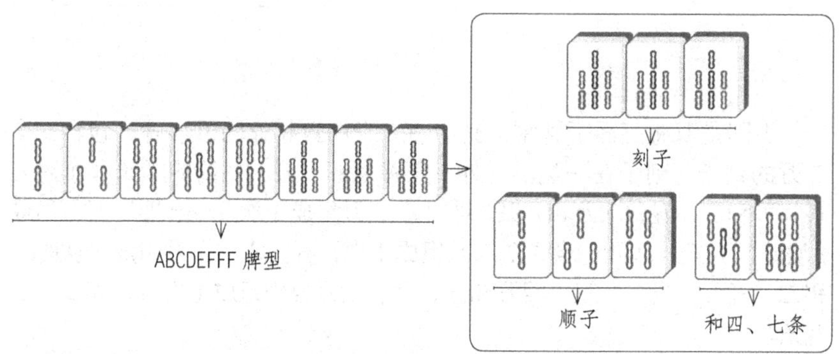

当3个七条组合成1坎，四、五、六条组合成1坎时，和一、四条。

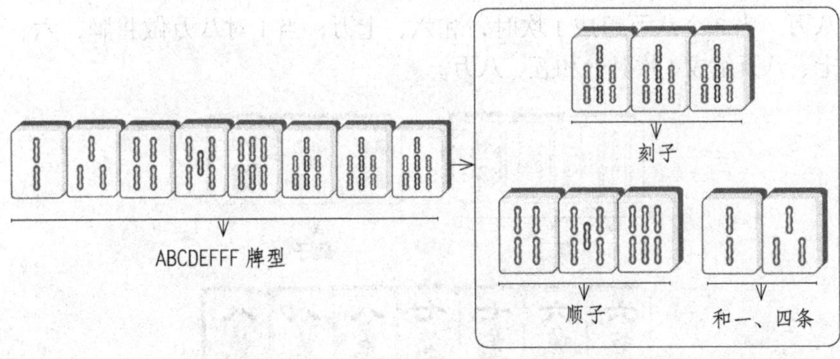

当五、六、七条组合成1坎，二、三、四条组合成1坎时，和七条、一筒。

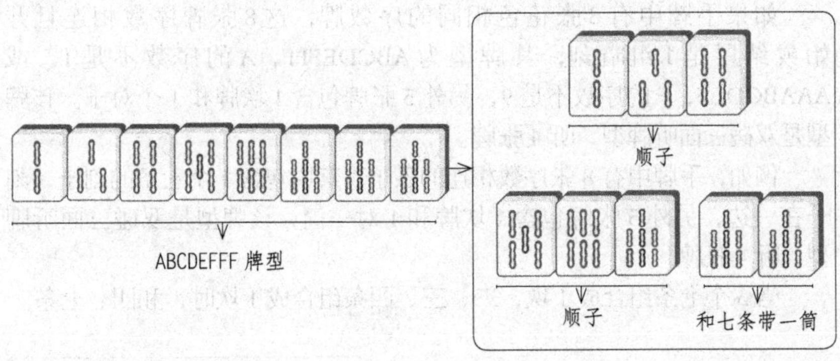

下图是双碰三面听牌型，其中有8张序数相连的万字牌，包含1个二万的刻子，刻子在一边。另外5张牌是四、五、六筒的顺子和1对九条，可和二、五、八万和九条。当3个二万组成1坎，三、四、五万组成1坎时，和五、八万；当3个二万组成1坎，五、六、七万组成1坎时，和二、五万；当二、三、四万和五、六、七万分别组成1坎时，和二万、九条。

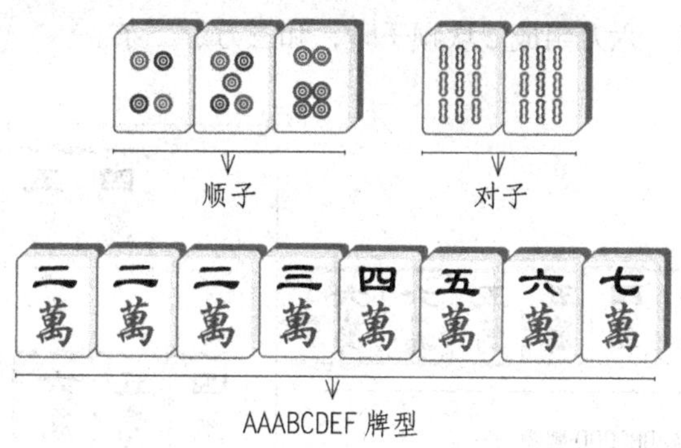

4）三碰单钓听牌型

如果手牌中有 8 张花色相同且相连的对子，其牌型为 AABBCCDD。另外 5 张牌包含 1 个暗刻和 1 个对子，该牌型就是三碰单钓听牌型，听 4 张牌。

例如，手牌中有 4 对序数相连的万字牌，另外 5 张牌是 1 个八条的刻子和 1 对二条。该牌型是三碰单钓听牌型，听 4 张牌。

当三、四、五万组成 2 坎顺子时，和六万、二条。

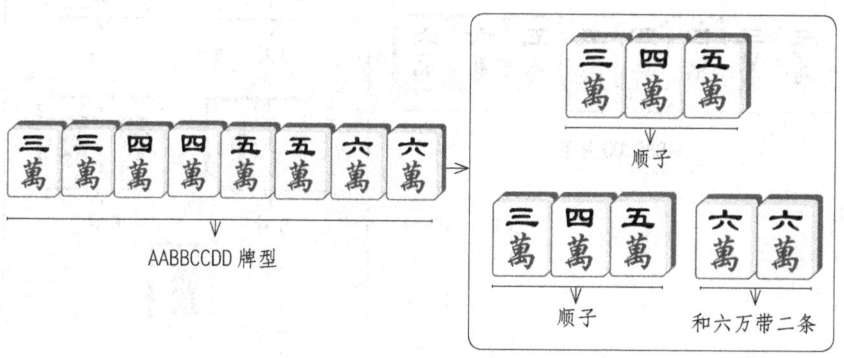

当四、五、六万组成2坎顺子时，和三万、二条。

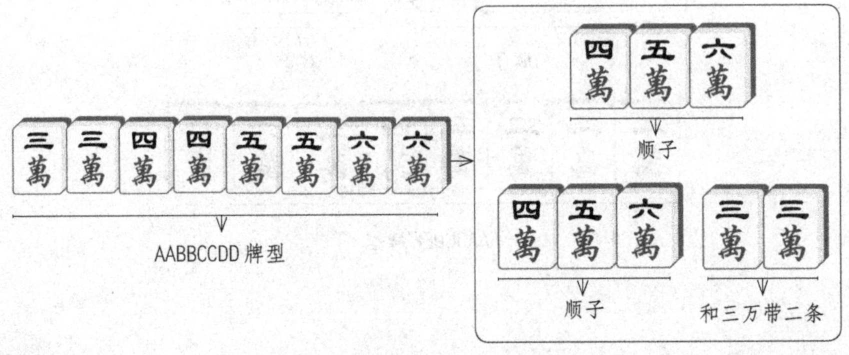

如果做7对牌型，可单钓八筒。

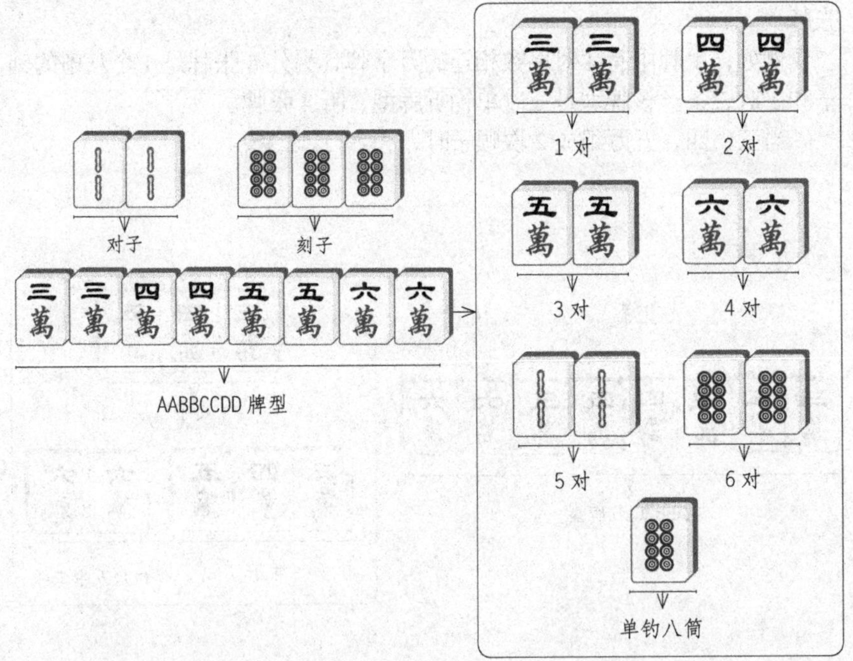

下图是三碰单钓听牌型，其中有 4 对相连的筒子，另外 5 张牌是 1 个九万的刻子和 1 对八条，可和九万、八条和五、八筒。当和 7 对牌型时，单钓九万；当五、六、七筒组成 2 坎顺子时，和八条、八筒；当六、七、八筒组成 2 坎顺子时，和八条、五筒。

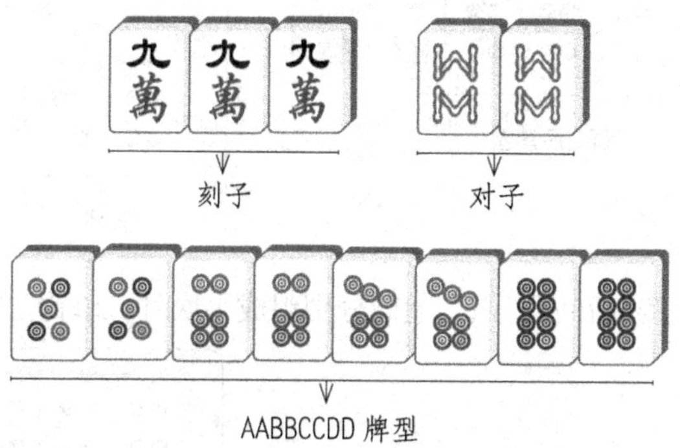

5）单钓三面听牌型

如果手牌中有 7 张花色相同的序数牌，其中包含 1 个暗刻，与暗刻左右两边相连的是一张单牌和顺子，这 7 张牌的牌型为 ABBBCDE，A 的序数不是 1，或 ABCDDDE，E 的序数不是 9，另外 6 张牌已经组成 2 坎，该牌型就是单钓三面听牌型，听 4 张牌。

例如，手牌中有 7 张筒子，包含 1 个四筒的刻子，五、六、七筒的顺子和 1 张三筒，另外 6 张牌已经组成 2 坎。该牌型是单钓三面听牌型，听 4 张牌。

当 1 对四筒做将牌，三、四、五筒组成 1 坎时，和五、八筒。

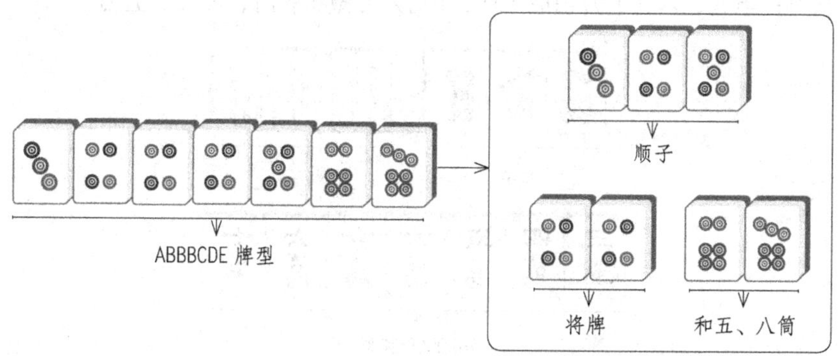

当1对四筒做将牌，五、六、七筒组成1坎时，和二、五筒。

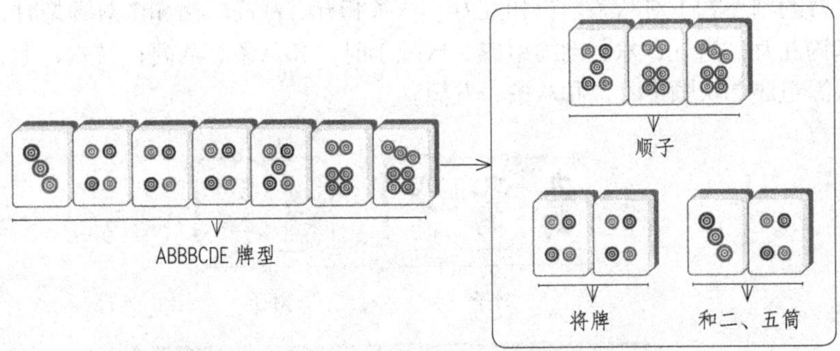

当3个四筒和五、六、七筒分别组成1坎时，单钓三筒。

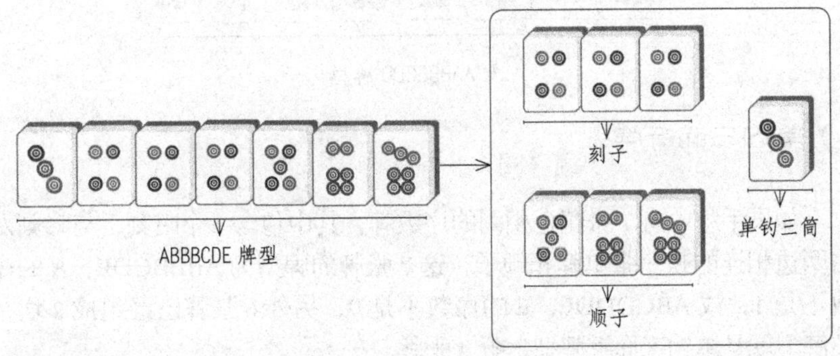

下图是单钓三面听牌型，其中有7张万字牌，包含1个六万的刻子，三、四、五万的顺子，以及1张七万，另外6张牌也已经组合成2坎，听4张牌，可和二、五、七、八万。当三、四、五万和3个六万分别组成1坎时，单钓七万；当三、四、五万组成1坎，1对六万做将牌时，和五、八万；当五、六、七万组成1坎，1对六万做将牌时，和二、五万。

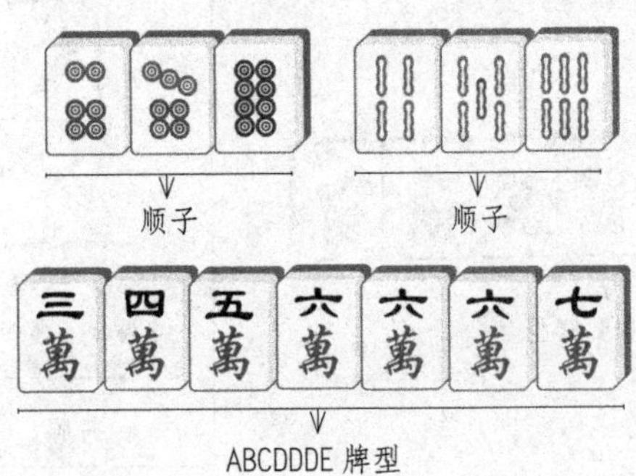

（3）准叫牌型的常见形式

在掌握了听牌的基本要领后，我们在听牌之前，就要根据手牌情况决定相应的听牌类型。本节将详细介绍当我们通过摸牌、吃牌、碰牌、杠牌等操作后，仅需再摸到 1 张牌即可形成听牌状态的策略。这种仅需再摸入 1 张牌即可达到听牌状态的牌型，我们称之为“准叫牌型”。准叫牌型主要有两种常见的表现形式，分别是“4 人抬轿”和“7 张无叫”。

含对子的 4 人抬轿

含对子的 4 人抬轿是指手牌中已经组合成 3 坎牌，另外 4 张牌包含 1 个对子，只需要再摸入 1 张就可以进入听牌状态。含对子的 4 人抬轿牌型拆分前后的效果如下图所示。

拆分前效果

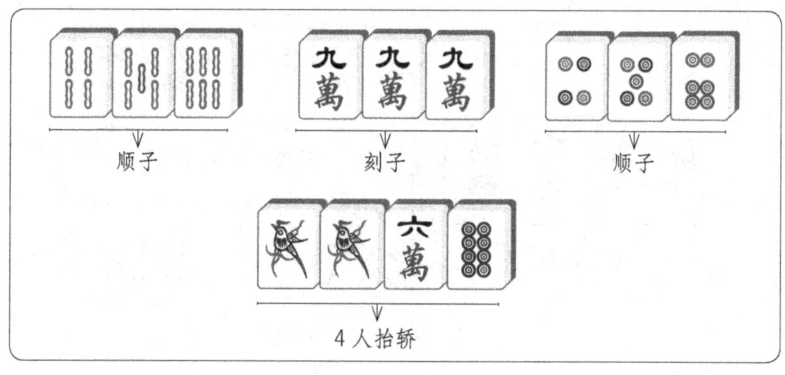

拆分后效果

通过拆分可以看出，只要再入 1 张牌即可进入听牌状态，具体可听牌的情况有以下几种。

第一种情况：如果摸入 1 张一条，可单钓六万或八筒。

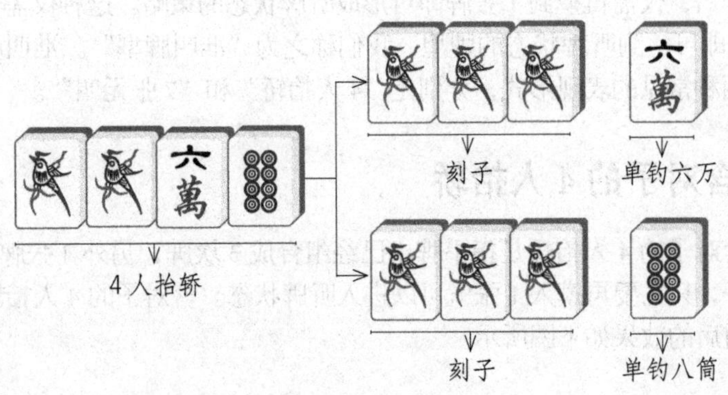

第二种情况：如果摸入 1 张六万或八筒，可双碰听。

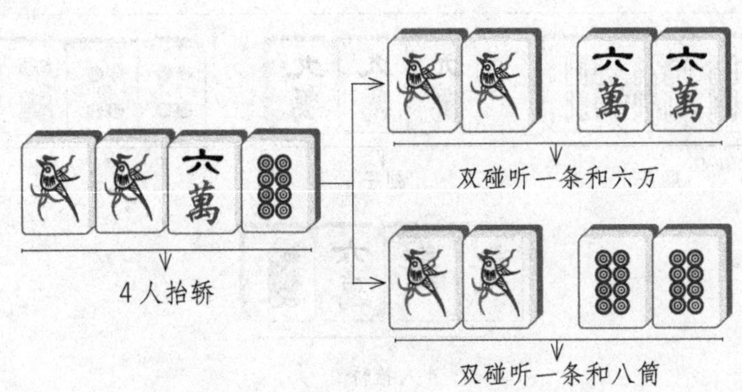

第三种情况：如果摸入 1 张五万或七万，可双面听。

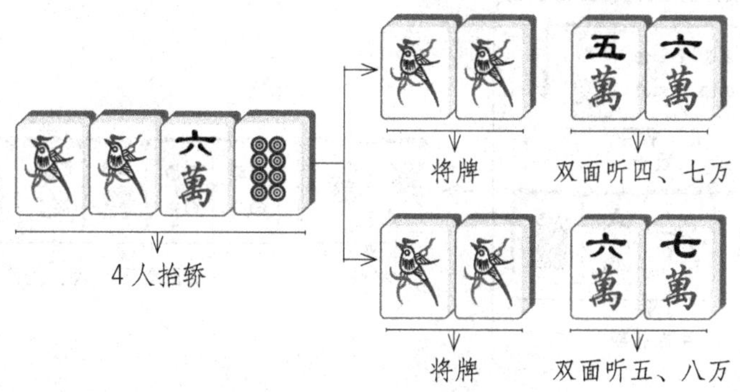

第四种情况：如果摸入 1 张四万、八万或六筒，可听嵌张。

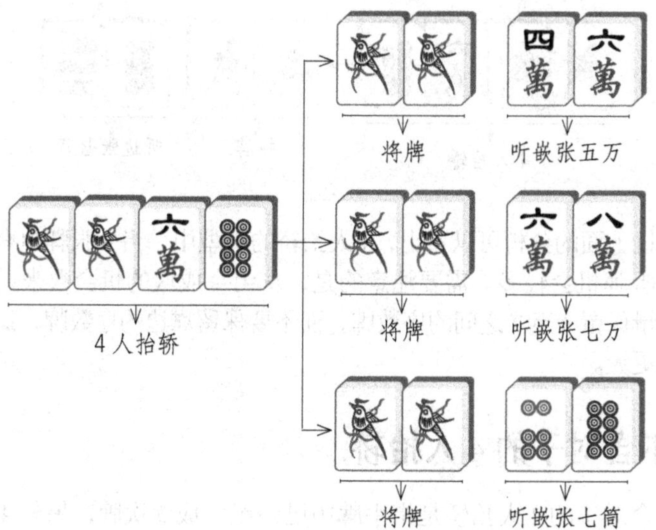

第五种情况：如果摸入1张七筒，刚接触麻将的朋友可能只看清双面听六、九筒，实际上还可以与顺子四、五、六筒重新组合成三面听牌型。

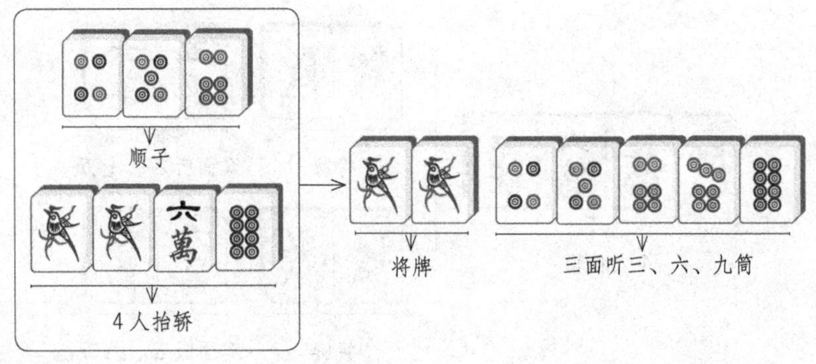

第六种情况：如果摸入1张九筒，听边张七筒。

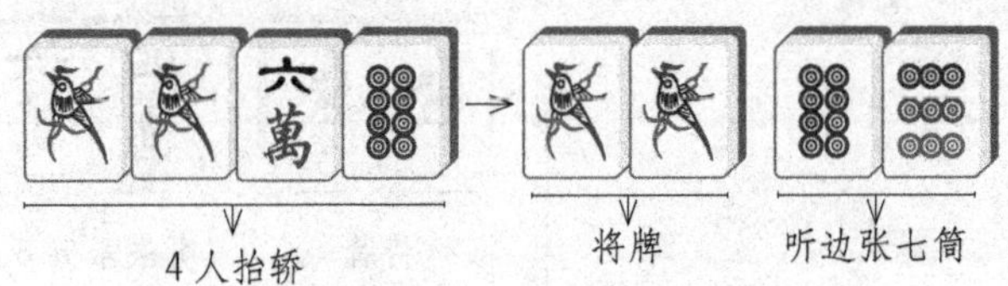

通过上面的分析可以看出，4人抬轿的牌型中，当4张牌中有1个对子时，听牌机会较多。需要注意的是，从组合成坎的机会数来看，单张牌应尽量保留3至7之间的序数牌，而不要保留靠边的序数牌，这样听牌的机会更大。

不含对子的4人抬轿

不含对子的4人抬轿是指手牌中已经组合成3坎牌，另外4张牌都是单牌，其下叫的机会数比有对子时要少。通常当4张单牌的花色只有2种，且每种花色的2张牌都是中间相连的序数牌时，下叫的机会数最大，如果4张牌中有2张同一花色且数字间隔1张牌，另外2张牌的花色不同，其下叫的机会相对较少。

下图是 4 人抬轿牌型，4 张单牌有 2 种花型，相同花色的牌序数相连，其听牌的情况如下。

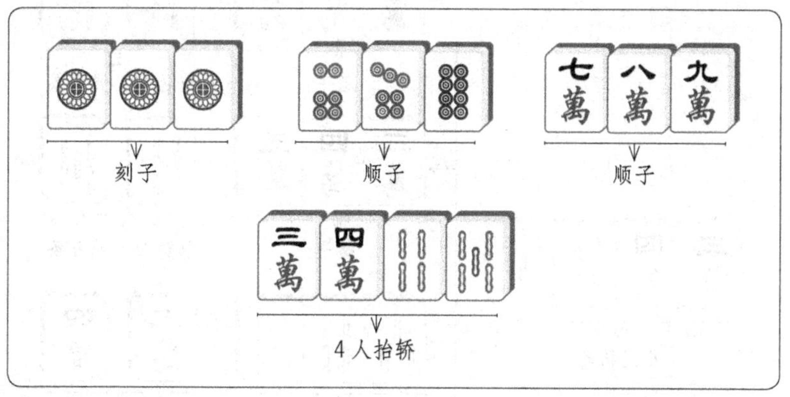

第一种情况：如果摸入三、四万或者四、五条，可两面听。

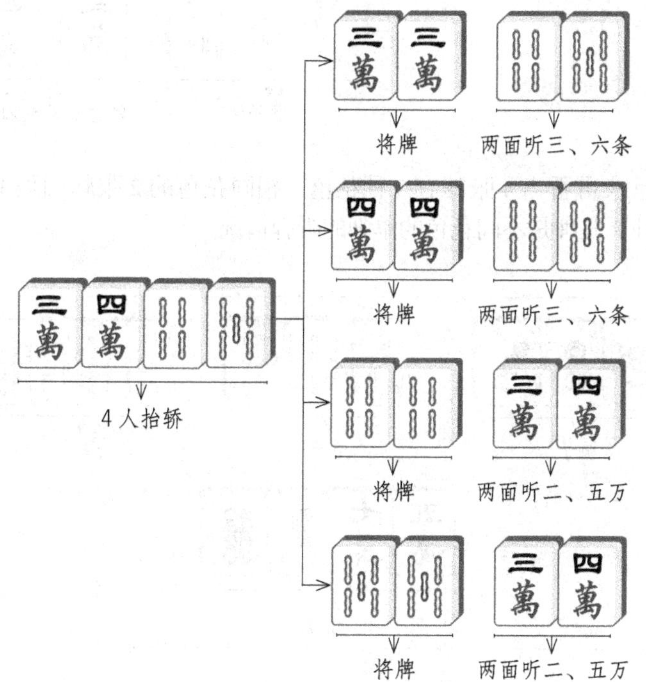

第二种情况：如果摸入二、五万或者三、六条，可单钓。

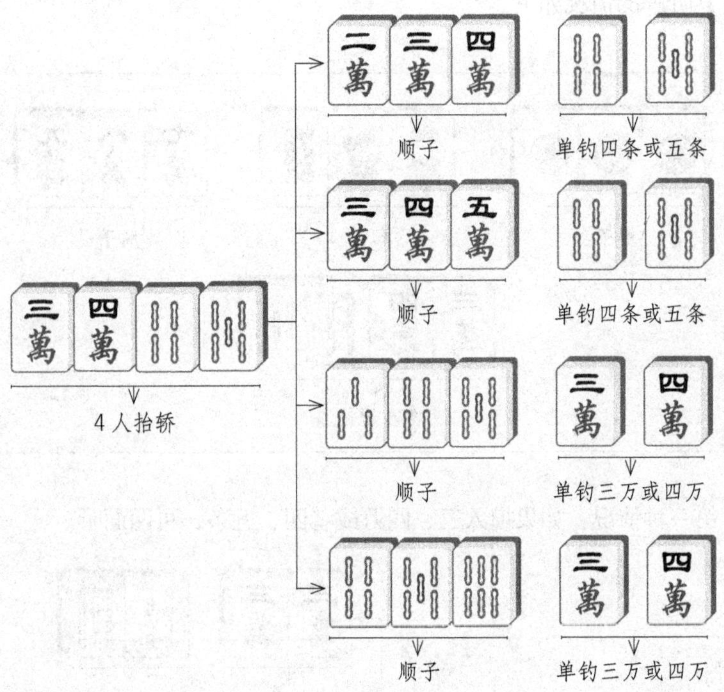

接下来再看当4张牌有3种花色，相同花色的2张牌相隔1张序数牌，另外2张牌是不同花色的单牌的听牌情况。

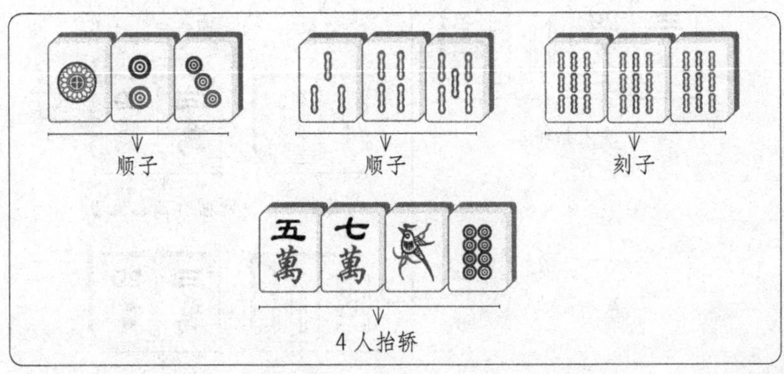

第一种情况：如果摸入六万，可单钓。

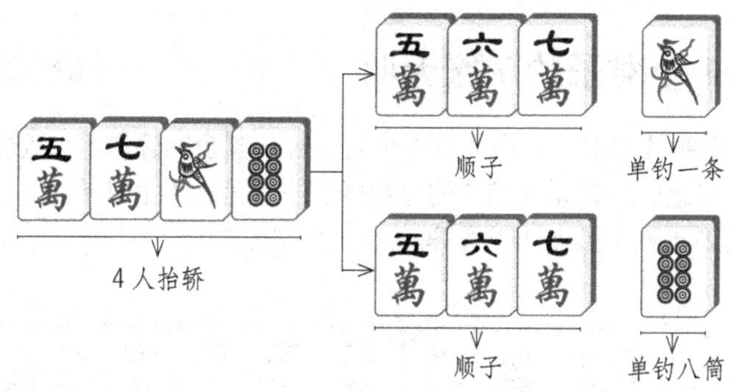

第二种情况：如果摸入一条或八筒，听嵌张。

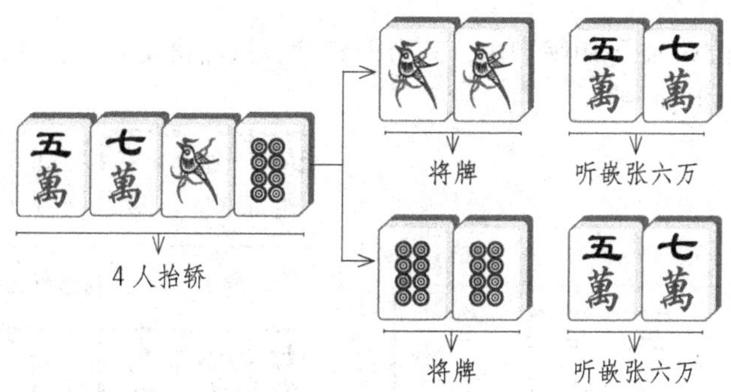

通过对 4 人抬轿分析可以看出，当 4 张牌中有对子时，听牌的机会较大，没有对子时，如果 4 张牌只有 2 种花色，且每种花色的牌的序数相连，听牌的机会较大，如果 4 张牌有 3 种花色，听牌的机会相对较小。

在实际玩牌过程中，因为 4 张牌会有多种不同组合，并且玩家舍牌情况也各不相同，所以需要结合手牌和舍牌情况进行组合，尽量使进入 4 人抬轿的牌型更好，更容易听牌。

7张无叫最常见的牌型通常都会包含1个或2个对子，只需摸入1张就可以下叫。在玩牌过程中可以根据对子的情况选择最优的方式来组合。

含1个对子的7张无叫

7张无叫牌型中，当手牌有1个对子时，剩余的牌尽量往连张和间张组合，并且连张尽量是3到7的序数牌。下图是含1个对子的7张无叫牌型，只需要再入1张牌即可听牌。

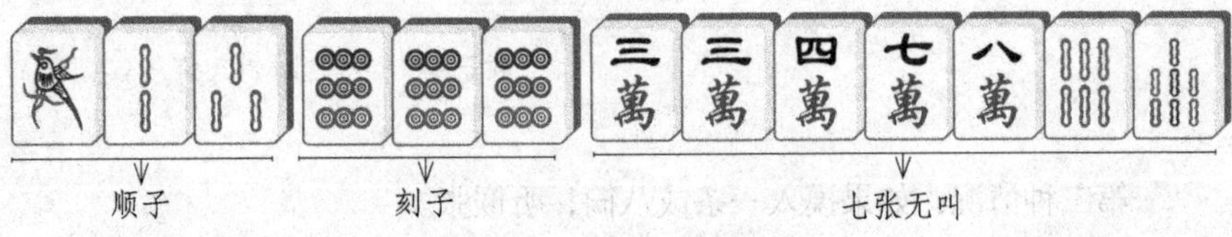

上面的7张无叫牌型中，三万做将牌，只需再摸入六、九万，或者五、八条即可听牌。

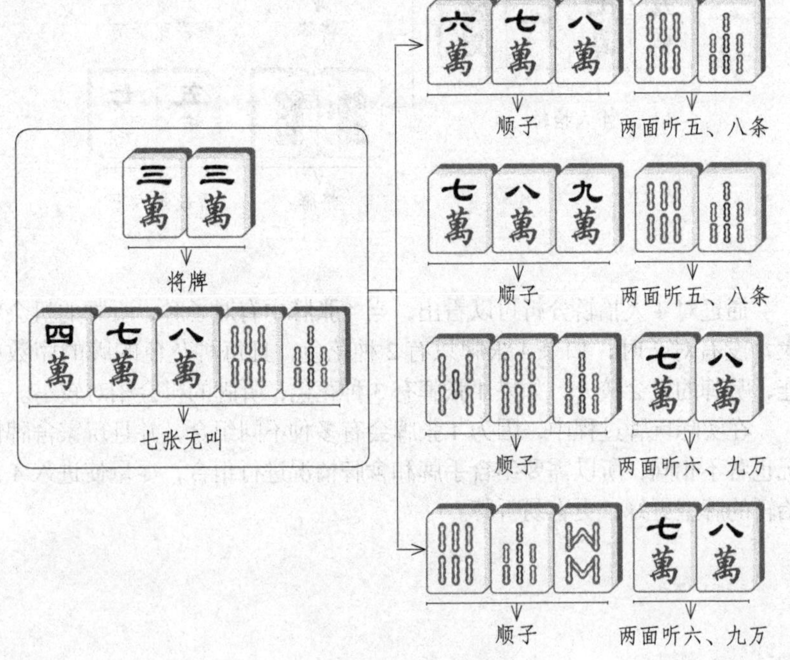

如果 7 张无叫牌型中除对子外的 5 张牌没有连张，只有间张，听牌的机会将比连张听牌的机会少。

例如，手牌中除了 2 坎牌和 1 个对子外，剩余 5 张牌如下图所示。

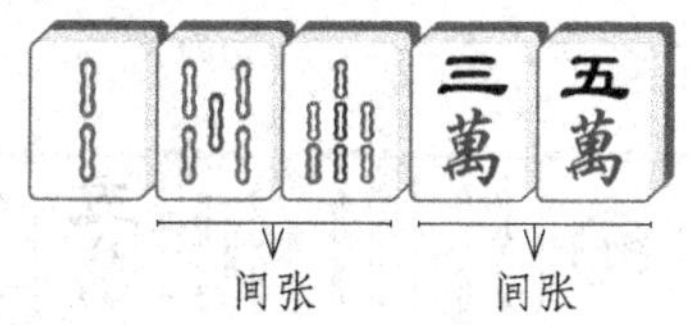

只要摸入六条或四万即可听牌。

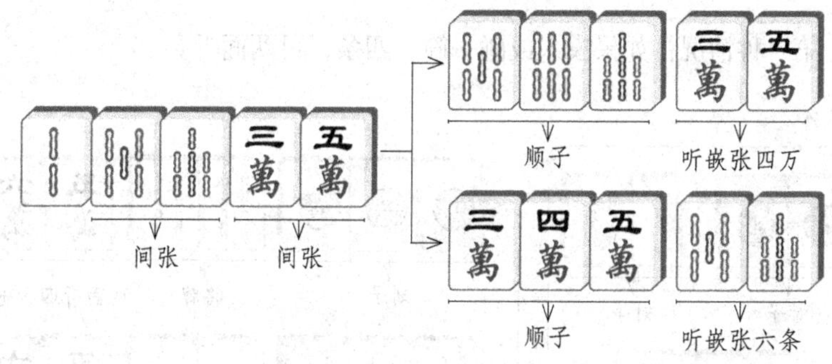

通过上面的分析可以得出，对于 7 张无叫牌型，如果有 1 个对子加 2 个连张，听牌的机会最大；如果有 1 个对子加 2 个间张，其听牌的机会最小。所以我们在实际玩牌过程中，应将牌型尽量往 1 个对子加 2 个连张做，这样更容易听牌。

含 2 个对子的 7 张无叫

7 张无叫牌型中，当手牌有 2 个对子时，如果 3 张单牌中有 2 张是连张，另外 1 张单牌与同花色的对子是连张，牌型如下图所示，其听牌的机会最大。

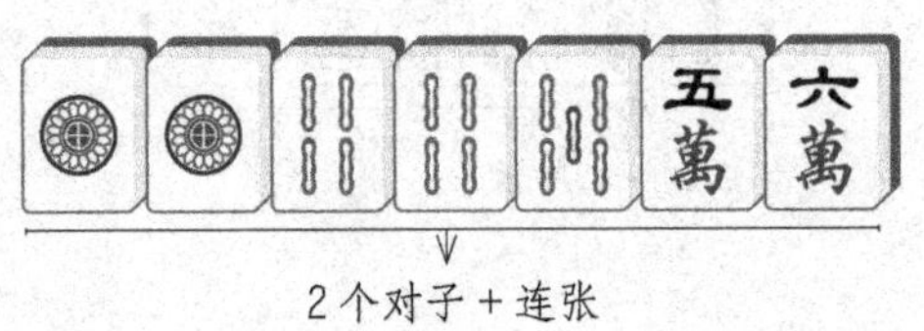

第一种情况：如果摸入或碰一筒、四条，可两面听。

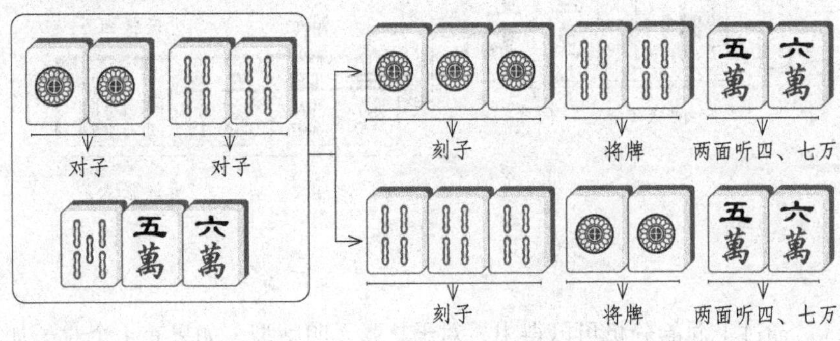

第二种情况：如果摸入三、六条，可两面听。

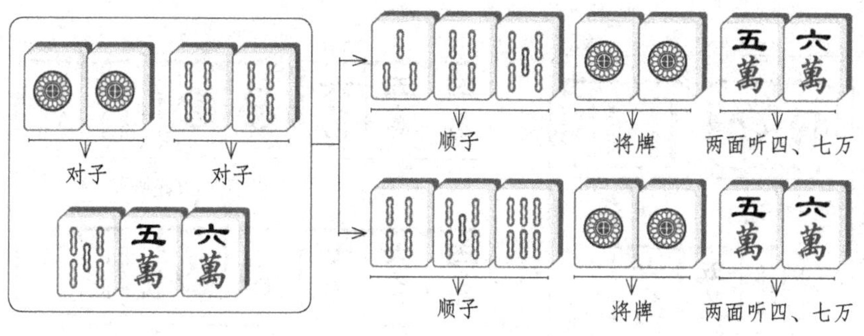

第三种情况：如果摸入四、七万，可两面听。

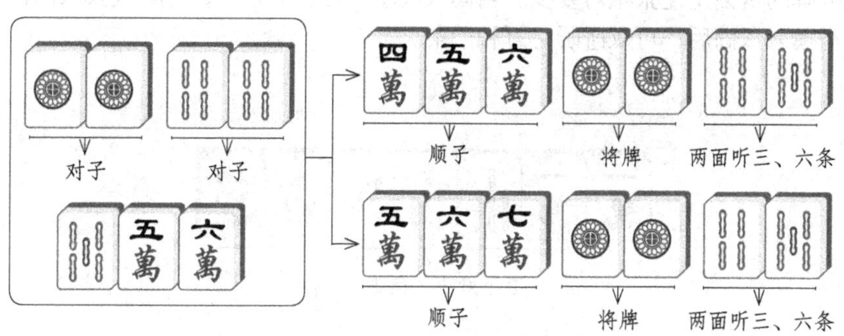

第四种情况：如果摸入四、七万，还可以根据牌池中的舍牌情况，选择双碰听。

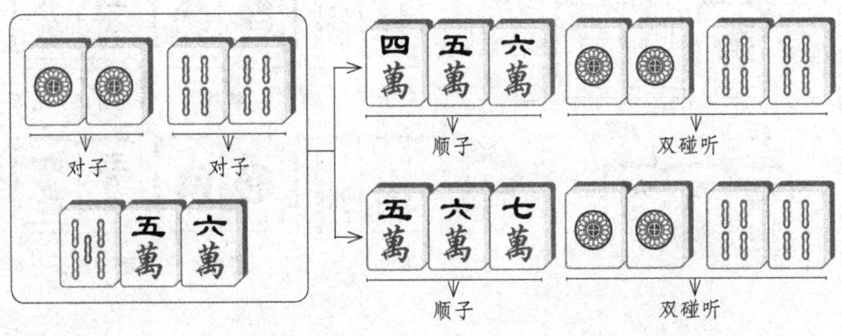

7张无叫牌型中，当手牌有2个对子加1个间张，牌型如下图所示，听牌的机会比连张相对要少。当摸入或碰一万、七条后，可听嵌张八筒；当摸入八筒后，可双碰听一万和七条。

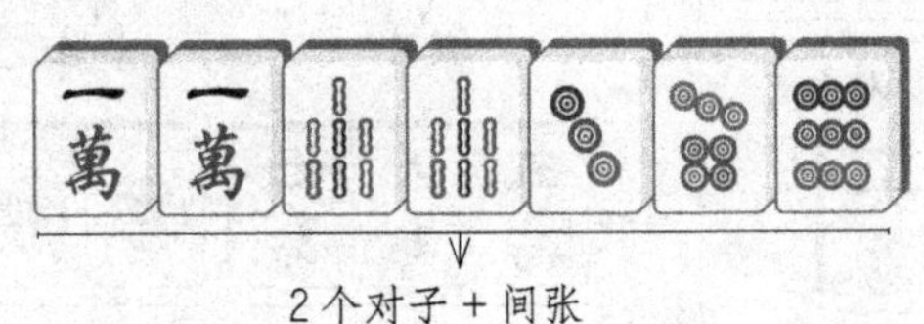

第三章

麻将赢牌实战常用技巧

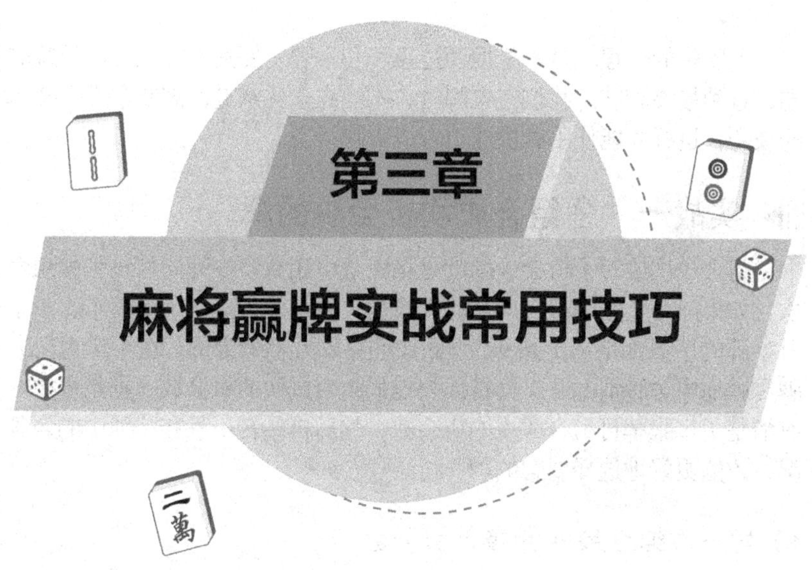

通过前面章节的学习，我们已经掌握了麻将的基本技能，要想使自己的麻将技能更加娴熟，还需要掌握一些必要的玩牌技巧，比如舍牌技巧、吃牌技巧、碰牌技巧、杠牌技巧、听牌技巧等，只要在玩牌的过程中灵活运用这些技巧，就能增加更多赢牌的机会。

一、舍牌实战常用技巧

玩麻将的过程就是不断地通过摸牌和舍牌，使其手牌组合成听牌的状态，直到最终和牌。我们在舍牌时，不能完全凭感觉，需要掌握一些基本的技巧，这样才能使手牌快速组合成听牌状态。

实战一　舍组合成坎机会少的牌

组合成坎或对子机会少的牌是指牌墙中还有多少牌能与该张牌组合成坎，如果能与该张牌组合成坎的牌较少，就需要舍掉。由于筒子、条子和万字牌的序数都是从 1 到 9，下面我们将以万字牌为例，在不考虑玩家手牌和牌池中舍牌情况下，分析能与他们组合成坎的机会数分别是多少。只有清楚了每张牌可组合成坎的机会数，然后再结合手牌和牌池中的舍牌情况，才能更好地选择要舍的牌。

1）与一万组合成坎的最大机会数

能与一万组合成坎的情况：二、三万能与一万组合成顺子，3 个一万能组合成刻子。所以如果手中有 1 个一万，摸到一、二、三万时，就有机会组合成坎。

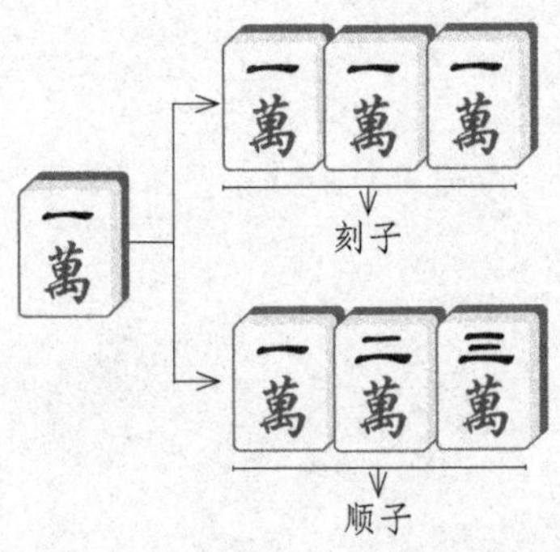

由于手牌中已经有 1 张一万，在不考虑其余玩家手牌和牌池舍牌情况下，还可以摸入一、二、三万的最大次数是：4×3−1=11。同理，与九万组合成坎的最大机会数也是 11。

2）与二万组合成坎的最大机会数

能与二万组合成坎的情况：一、三、四万能与二万组合成顺子，3 个二万能组合成刻子。所以如果手中有 1 个二万，摸到一、二、三、四万时，就有机会组合成坎。

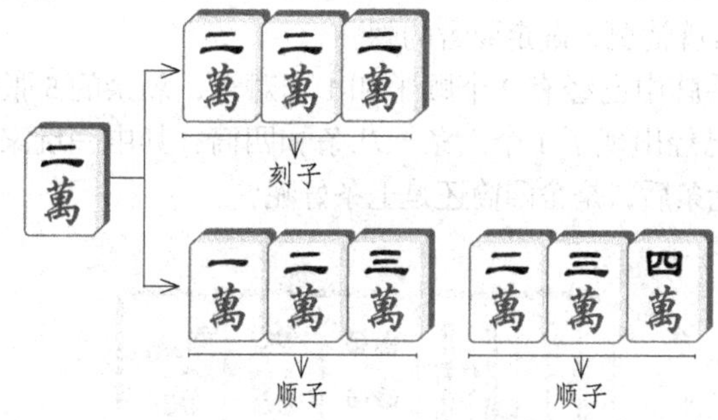

由于手牌中已经有 1 张二万，在不考虑其余玩家手牌和牌池舍牌情况下，还可以摸入一、二、三、四万的最大次数是：4×4−1=15。同理，与七万组合成坎的最大机会数也是 15。

3）与三万组合成坎的最大机会数

能与三万组合成坎的情况：一、二、四、五万能与三万组合成顺子，3 个三 万能组合成刻子。所以如果手中有 1 个三万，摸到一、二、三、四、五万时，就有机会组合成坎。

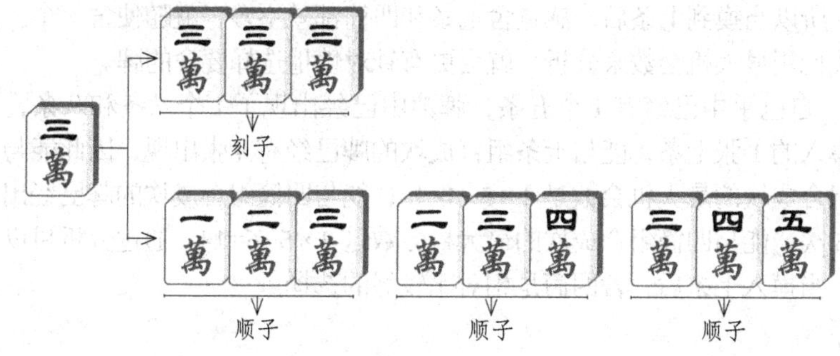

由于手牌中已经有 1 张三万，在不考虑其余玩家手牌和牌池舍牌情况下，还可以摸入一、二、三、四、五万的最大次数是：4×5−1=19。同理，能与四万至七万之间任意 1 张牌组和成坎的最大机会数也是 19。

通过对一万至九万能组合成坎的最大机会数分析，可以得出能与一万和九万组合成坎的最大机会数都是 11，能与二万和八万组合成坎的最大机会数都是 15，能与三万至七万之间任意 1 张牌组合成坎的最大机会数都是 19。所以我们在舍牌时，通常都会“先打幺九，再打中张”，主要原因就是幺九牌组合成坎的机会比中张要少。

在实际玩牌过程中，舍牌时，除了考虑机会数外，还需要结合手牌和牌池中的舍牌情况，确定要舍的牌。

例如，手牌中已经有 2 个顺子和 1 个对子，剩余的 5 张牌如下图所示。牌池中已经出现了 1 个六条、八条和四筒，其中一玩家已经碰了五筒。当摸入七条后，是舍四筒还是七条好呢？

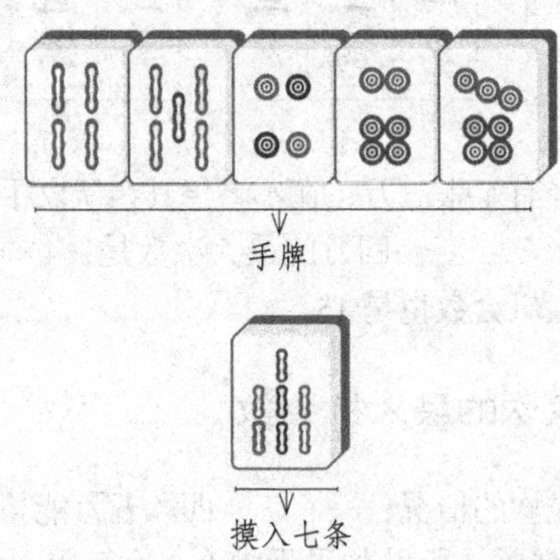

很多朋友在舍牌时不考虑机会数，也不看牌池情况，完全凭感觉舍牌。所以当摸到七条后，感觉舍七条和四筒都差不多，就随便舍一个。如果我们用最大机会数来分析，就会更有针对性地选择要舍的牌。

自己手中已经有 1 个五条，牌池中已经出现了 1 个六条和八条，加上摸入的 1 张七条，能与七条组合成坎的牌已经有 4 张出现，因此能与七条组合成坎的最大机会数是 4×5−4=16；能与四筒组合成坎的牌已经出现了 6 次，能与四筒组合成坎的最大机会数是 4×5−6=14。通过分析可以看出，当摸入七条后，舍四筒是相对比较好的选择。

实战二 舍牌宁拆对子不拆搭子

我们通常都喜欢“对子”，因为对子不但可以做将牌，还可以碰牌，碰牌后还有机会杠牌。所以我们在选择舍牌的时候，往往都会保留对子，而舍其他牌。如果是在盘初阶段，可以选择保留对子，因为碰牌的机会比较大，如果是在盘中或盘尾阶段，如果手牌中对子相对较多，再坚持保留对子，可能会导致最终无法听牌。通常在盘中或盘尾阶段，可以选择拆掉对子，保留搭子，组成顺子的可能性大，也更容易下叫。

例如，下图是盘中阶段摸入 1 张牌后的牌型，有 4 个对子，舍什么牌好呢？

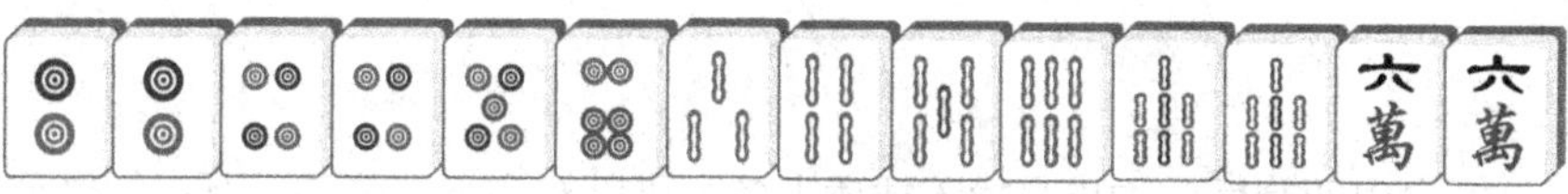

手牌牌型

新手朋友通常不会考虑拆分对子，而是舍三条。当舍出三条后，牌型组合如下图所示，需要再摸入或碰二筒、七条、六万中任意 1 张牌，舍出四筒，或者摸入三筒，舍出二筒，才能进入双碰听状态。

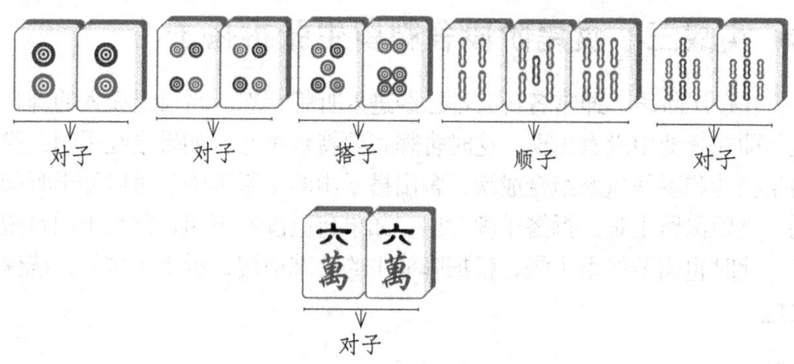

由于是盘中阶段，摸入与对子相同的牌或者碰牌的机会相对较少，即使碰牌后，也只能双碰听。如果是保留三条，拆对子四筒，听牌的机会将会完全不一样。拆四筒后的手牌情况如下图所示。

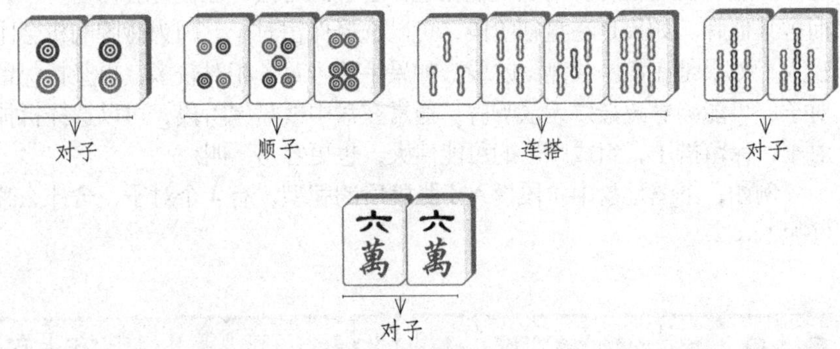

舍出四筒后，如果是摸入或碰七条，可以双碰听二筒和六万；如果是摸入或碰二筒或六万，不但可以舍三条或六条，进入双碰听状态，还可以舍出七条，进入三面听状态，和二、五、八条；如果是摸入二、五、八条，可以舍七条，双碰听二筒和六万。

通过分析可以看出，拆四筒比拆三四条的搭子更好，可以加快听牌的速度，从而提高赢牌的概率。

实战三　盘尾阶段舍牌留生张拆搭子

在盘尾阶段，通常各玩家都已经进入听牌状态，当自己摸入的牌是生张，即在牌池中没有出现，这时舍牌就要特别小心。如果已经下叫，摸入的生张能和手牌重新组合成坎，舍出搭子中的 1 张牌仍然可以处于听牌状态，就要保留生张，拆搭子牌舍出；如果自己没有下叫，并且下叫希望渺茫，此时也需要保留生张，根据牌池中的舍牌情况，拆搭子舍牌，确保不放炮。

例如，下图是盘尾阶段的手牌情况，三钓将三、六、九万。牌墙中还有 8 张牌，每人还可以分别摸入 2 张。牌池中已经舍出了 1 张三万和九万，以及 2 张六万。此时，摸入了 1 张 7 筒，7 筒在牌池中没有出现过，是直接舍出 7 筒，还是拆其他搭子好呢？

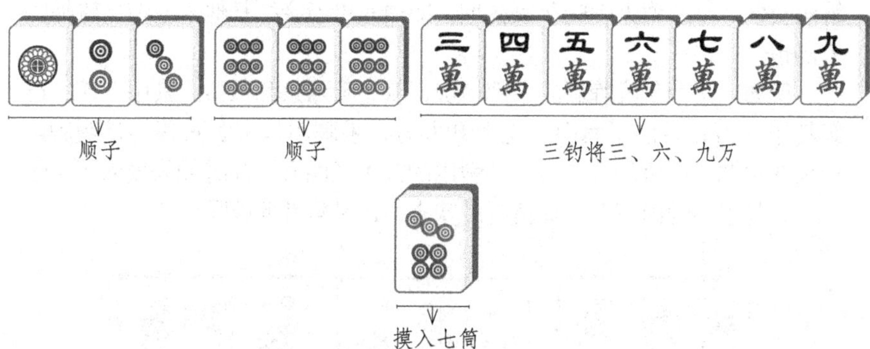

根据手牌情况看，虽然听牌数量是 3 张，但是由于是盘尾阶段，和牌的希望已经比较渺茫。摸入了 1 个生张七筒，如果贸然舍出七筒，给玩家放炮的可能性比较大，因此此时可以考虑保留七筒，根据牌池情况舍出熟张三、六、九万中的安全牌。舍出 1 张万字牌后，1 对九筒做将牌，听嵌张八筒。这样既可以避免放炮，也可以继续保持听牌状态。比如舍去六万，舍牌后的效果如下图所示。

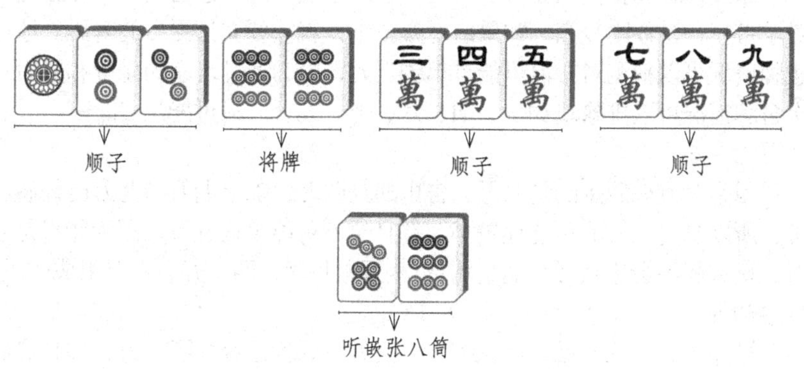

实战四　宁可不听牌也不给做大牌的玩家放炮

当玩家已经做成了大牌，并且我们已经大致猜到对方要和的牌后，自己如果摸到了这张危险牌，这时可以选择拆已经组合成坎的牌，宁愿放弃听牌，也不要舍出这张危险牌。因为舍出危险牌后放炮可能性大，输掉的筹码会多。不给做大牌的玩家放炮，即便有可能会给其他人放炮，输掉的筹码也会少很多。

例如，下图是听牌后的手牌情况，双碰听四条和八条。其中一玩家已经杠了一万，并碰了六万、七万和九万，手牌中只有 1 张牌不是明牌。玩家在单钓之前碰的是六万，并舍出的是 1 张四万。此时如果摸入了 1 张三万，是直接舍出三万，保持听牌状态，还是舍其他牌呢？

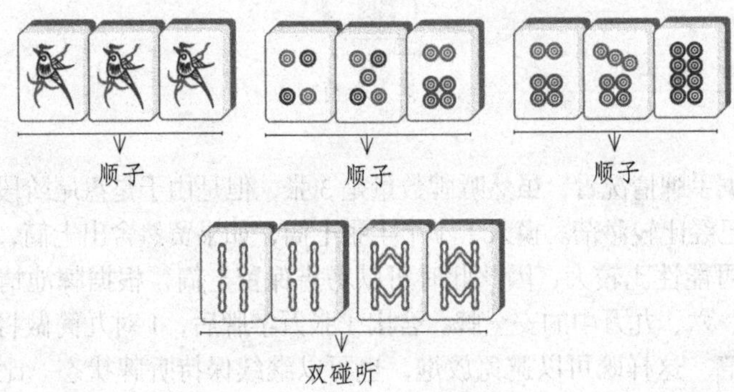

通过该牌局我们明显可以看出玩家已经做了清一色的大牌，并且是大对子带杠，番数比较高，如果给对方放炮，就需要支付更多的筹码。通过碰牌情况可以猜测对方很可能是单钓三万，因为通过玩家的碰牌和最后一次舍牌情况可以排除单钓一、四、六、七、九万，只可能是二、三、五、八万。

因为对方最后碰的是六万，舍出的是四万，加上七万和九万已经碰牌，所以单钓八万的可能性较小。并且也不可能单钓五万，因为如果是五万，玩家就不会碰六万，而是用1对六万做将牌，四、五、六万组成顺子直接和牌。

排除了五、八万后，就只剩二、三万，因为已经杠了一万，并且最后舍出的是四万，所以最有可能是单钓三万。因此当摸入三万后，我们可以根据情况舍出四条或八条，确保不放炮。

实战五　舍牌的顺序技巧

玩麻将的过程主要就是通过不断的摸牌和舍牌，使其手牌组合成听牌状态，直到和牌。我们在舍牌时，如果遵循一定的顺序技巧，就能加快听牌的速度，从而提高赢牌的概率。

舍牌顺序技巧主要有以下 3 点：

（1）先打边张，再打中张；

（2）先打孤张，再打多张；

（3）先打熟张，再打生张。

在盘初阶段，刚摸完牌后，手牌通常都比较乱，我们在舍牌时，通常要遵循“先打边张，再打中张”的原则。主要是边张组合成坎的机会比中张要少，保留中张有利于牌型组合，能加快听牌的速度。

例如，下图中是盘初阶段的手牌情况，摸入了 1 张二万，根据“先打边张，再打中张”的原则，我们首先考虑要舍的牌是九条，因为九条组合成坎的机会最少，然后再舍中张七筒。

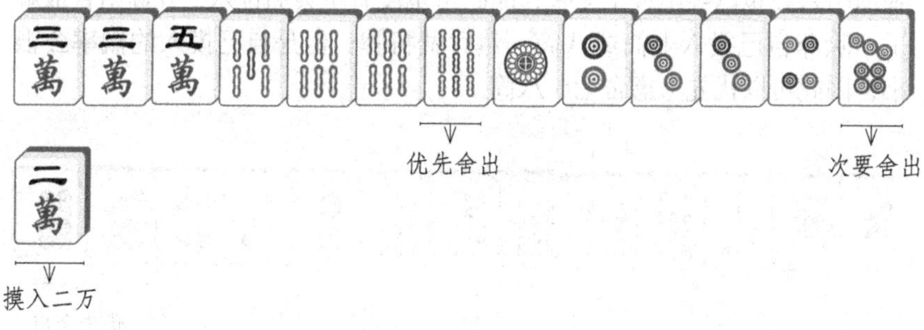

“先打孤张，再打多张”是指要先舍那些无法成搭的牌，然后再舍可以与其他牌组成搭子的牌。孤张属于多余的牌，舍出后对后面的牌型组合没有影响。

例如，下图中是盘中阶段的手牌情况，摸入了 1 张四万，其中筒子牌已经组合成 2 坎，八万是 1 个孤张，没有与其他万字组合成搭，八条是 1 个多张，因为摸入七条后，可以直接与五、六条组合成 1 坎，不用与八条组合，所以根据“先打孤张，再打多张”原则，可以先舍八万，然后再舍八条。

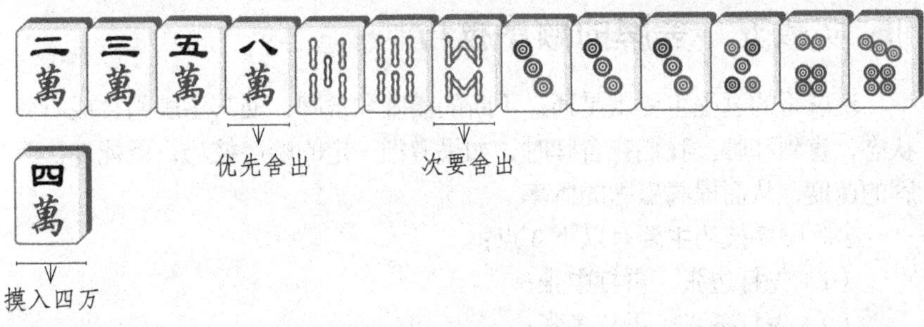

“先打熟张，再打生张”的技巧主要用在盘尾阶段。在盘尾阶段，玩家基本上都已经听牌，先打熟张是为了避免放炮。

实战六　无用的牌要早舍出

无用的牌是指通过牌池中的舍牌情况已经明确看出无法组合成坎或做将的牌。

例如，下图中手牌有一个七、八筒的搭子，但是玩家已经杠了九筒，牌池中六筒也已经出现了 4 张，因此再也没有机会通过六、九筒组合成顺子，除非自己摸入七筒或八筒，然后做将牌。但是自己摸入的概率会很小，因此可以优先考虑舍七、八筒。

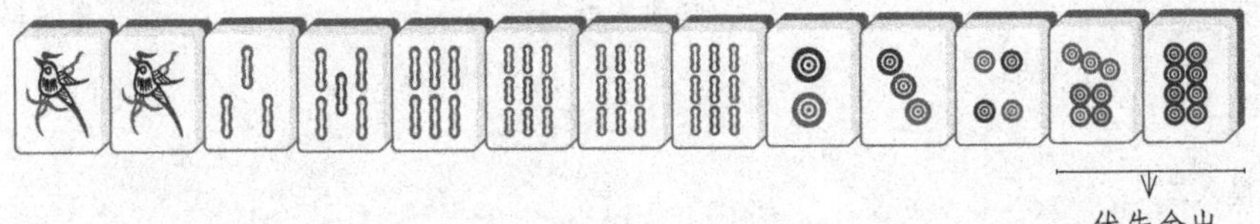

下图中手牌有 1 对四筒 1 个二筒的搭子，但是有玩家已经碰了三筒，虽然还有 1 个三筒没有出现，但这张三筒可能已经在其他玩家手中组合成坎，也可能还在牌墙中，能摸入三筒的希望非常渺茫，所以这张二筒也属于无用的牌，可以优先考虑舍出。

▶ 实战七　舍牌尽量保留长牌

长牌是指多花色相同的序数牌，舍牌时保留长牌主要是为了好上张，牌型组合变换的机会更多，听牌类型的变化也相对较多。

例如，下图是摸入 1 张八筒后的牌型，筒子牌数量较多，其中 3 张条子牌已经组合成坎，五万可以和 1 对三万组合成 1 搭。

我们舍牌时通常选择先舍五万，然后再根据摸牌情况选择后续的舍牌。因为只有摸入四万后，五万才能和三万组合成坎。

筒子牌组合的可变性强，如果再摸入九筒，可以与七、八筒组合成 1 坎；如果再摸入六筒，不但可以将二、三、四、五、六、七、八筒组合在一起，往三钓将方向组合牌型，还可以舍一筒，将四、五、六、七、八筒组合在一起，往三面听方向组合。如果再摸入的是其他筒子，同样可以进行不同的牌型组合。

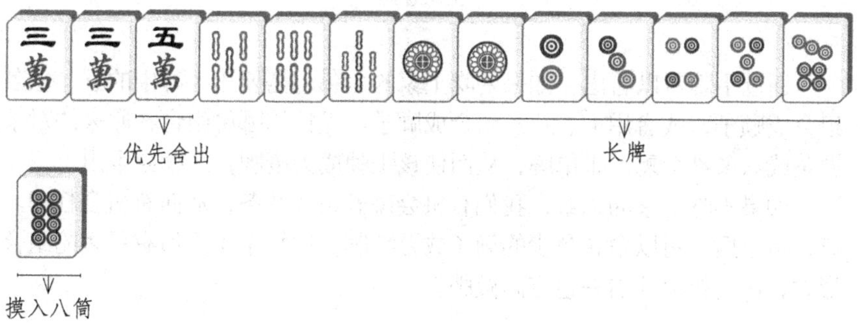

二、吃牌实战常用技巧

吃牌能快速组合成坎，当上家舍出的牌能吃时，我们通常都会吃牌。虽然吃牌可以加快我们手牌的组合成坎的速度，但吃牌也有一定技巧，并不是能吃就吃，只有熟悉了一些常见的技巧后，吃牌才能帮助我们快速组合牌型，否则将适得其反。

▶ 实战一　破坏手中牌型组合的不吃

如果吃牌后，手中的牌型组合不是变好了，而是变差了，这种牌不要吃。

例如，下图中手牌已经有 8 张条子牌，牌型较好，当摸入条子牌后可以进行不同的牌型变换。当上家舍出 1 张六条时，是否可以吃牌呢？

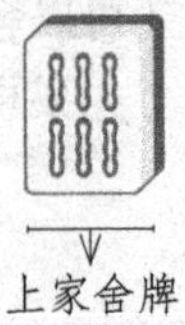

上家舍牌

通过手牌可以看出，如果要吃上家的六条，需要用手牌中的五、七条组合成顺子，或者用七、八条组合成顺子。无论用哪种组合，原来的对子五条或八条都会剩 1 张单牌，从而使该张牌成为废牌，后续会舍出。

如果不吃上家的六条，我们有机会碰五条或八条，从而有机会杠牌。摸入条子后，可以舍花色少的筒子或万字牌，这样条子不但有更多的组合形式，还有机会往清一色方向做牌。

实战二 亮明 6 张牌后建议不吃

如果我们已经吃牌或碰牌 2 次，有 6 张牌已经亮明，手中还有 7 张，如果再吃牌的话，手牌将变成 4 张。除非吃牌后就能进入听牌状态，否则不建议吃牌，因为吃牌后手牌少，摸入的牌能与手牌组合成坎的机会就少，我们变化牌型的机会也会较少，这样不利于听牌。

例如，下图中已经亮明了 6 张牌，此时上家舍出了 1 张七万，我们是否应该吃牌呢？

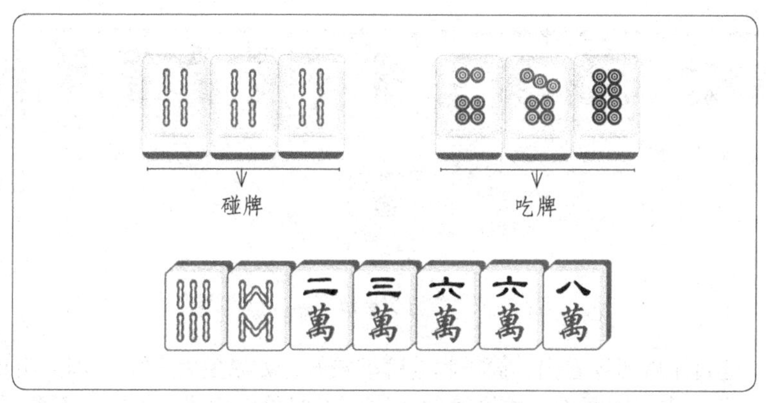

我们如果吃了七万，只能用六万和八万组合，将单出来的六万舍出，手中的牌只有六、八条和二、三万，我们后续只有摸到一、二、三、四万，或者六、七、八条，才能进入听牌状态。

如果不吃上家的七万，后续摸入一、二、三、四万，或者六、七、八条时，同样可以进入听牌状态。但是当我们摸入其他万字后，还可以选择舍万字，保留万字的长牌，牌型组合变换的机会更多，听牌类型的变化也相对较多。

▶ 实战三　同一花色的牌型较好时不吃

如果手牌中同一花色的牌型较好，摸入相同花色的牌后可以有多种牌型变换，这种情况通常不建议吃牌，即使吃牌后不会破坏牌型也不要吃，因为吃牌后减少了牌型变换的机会，从而影响听牌的速度，以及听牌类型的选择。

例如，下图中手牌已经有 7 张筒子牌，上家舍出了 1 张二筒，我们是否应该吃牌呢？

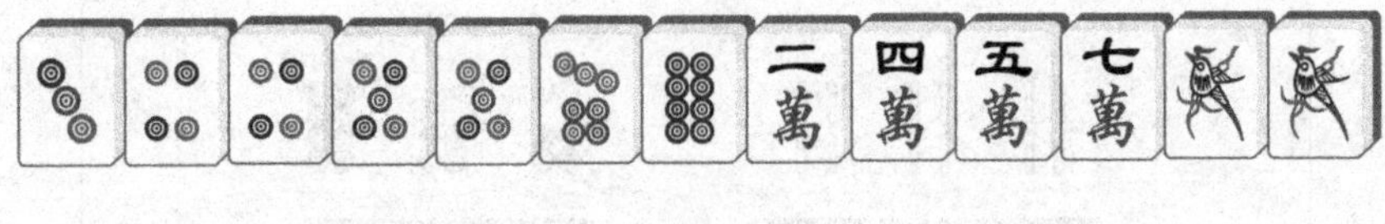

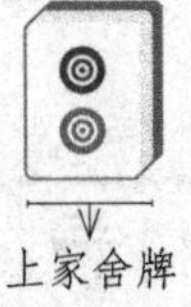

上家舍牌

通过手牌可以看出，筒子牌的牌型较好，如果摸到三筒，可以与四筒和五筒组成 2 坎顺子；如果摸到六筒，不但可以组成三、四、五和四、五、六筒的顺子，还可以组成六、七、八筒的顺子；如果摸到九筒也可以组成七、八、九筒的顺子；如果摸到或有玩家舍出四、五筒，可以碰牌。

如果选择吃上家的二筒，吃牌后可自由组合的筒子牌剩下 5 张，如下图所示。如果摸到三筒或六筒，与四、五筒组合成坎后，将不得不舍掉多余的五筒；如果是摸到六、九筒，与七、八筒组合成坎后，同样有 1 张筒子牌最终会被舍掉，所以吃牌后反而会浪费手中的好牌，从而延缓了牌型组合的进度。

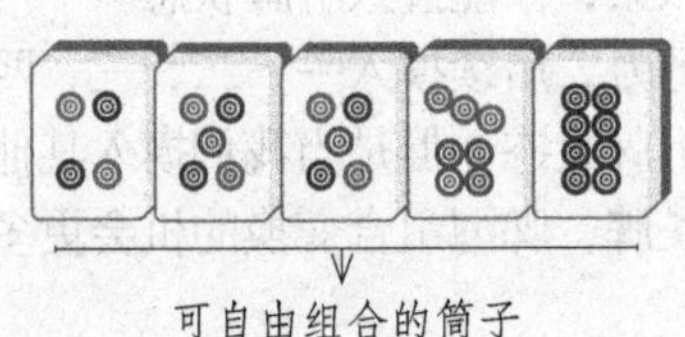

可自由组合的筒子

实战四　无安全牌可舍时不吃

如果有玩家已经听牌，并且我们已大致猜出对方要和的牌，当有机会吃牌时，如果吃牌后不得不舍出可能是对方要和的牌，就不要吃牌。

例如，下图是盘尾前期的手牌情况，已有玩家听牌，并且根据该玩家的舍牌情况分析，很可能和一、四、七条。此时上家舍出了1张三条，我们是否应该吃牌呢？

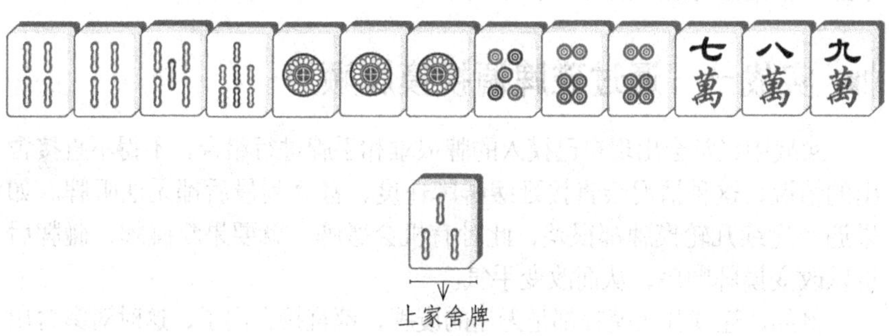

通过手牌可以看出，牌面已经进入了“一入听”状态，如果摸入或吃六条，舍出五筒可以进入双碰听四条和六筒，舍出六筒可进入两面听四、七筒；如果摸入或碰四条、六筒，舍五筒可听嵌张六条；如果摸入或吃四、七筒，舍六筒后可听嵌张六条。

如果选择吃上家的三条，吃牌后将单1张四条和七条，因为四、七条舍出后放炮的概率很大，所以只能选择舍五筒。舍掉五筒后，虽然摸入二、三、四、五、六、七、八条中的任意1张牌都可以听牌，但必须得舍1张可能会放炮的条子。因此，当上家舍出三条后，不能吃牌。

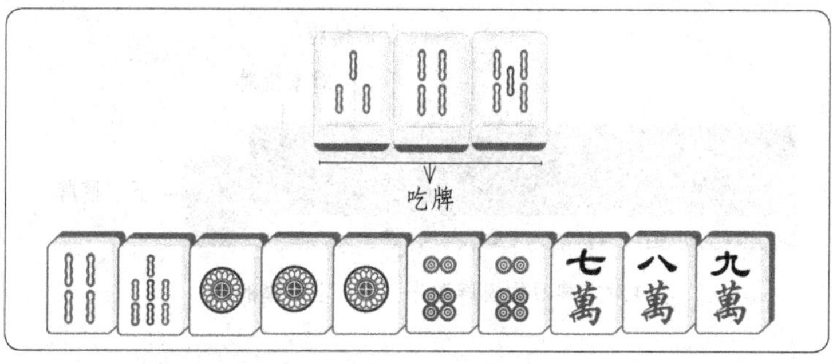

三、碰牌实战常用技巧

刚接触麻将的朋友，通常都非常喜欢对子，因为除了将牌需要对子，对子还可以碰牌，碰牌后还可以加杠，赢得更多筹码。但是，并不是所有对子都适合碰牌，我们在实战中需要根据手牌情况确定是否要碰牌，所以掌握一些常见的碰牌技巧非常有必要。

实战一　通过碰牌调换摸牌顺序

实战中经常会出现自己摸入的牌很难和手牌进行组合，不得不直接舍出的情况，这种情况会直接延缓听牌速度，甚至到最后都无法听牌。如果遇到连续几轮摸牌都很差，此时有机会碰牌，就要果断碰牌，碰牌后可以改变摸牌顺序，从而改变手气。

例如，连续几次摸牌都是无用的废牌，都直接舍出了，这时对家舍出的牌正好自己手牌中有 1 对，这时就可以选择碰牌，通过碰牌改变摸牌的顺序，从而改变自己的手气。碰牌前后摸牌顺序如下图所示。

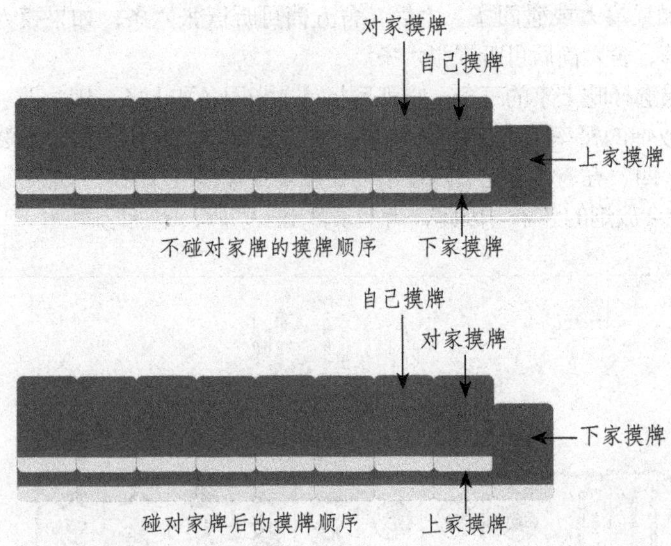

不碰对家牌的摸牌顺序

碰对家牌后的摸牌顺序

实战二 对子左右两边各有 1 张连牌的不碰

如果手牌中的对子左右两边各有 1 张相连的牌，这种牌型通常被称为“爆肚子”。当“爆肚子”牌型出现碰牌机会时，除非左右两边的牌已经组合成坎，否则千万不要碰牌。一旦碰牌，左右两边的牌可能会成为废牌，不得不舍掉，从而会影响牌型组合，延缓听牌速度。

例如，下图中手牌有 1 对三条，左右两边分别有 1 个二条和四条，当有玩家舍出三条时，我们是否应该碰牌呢？

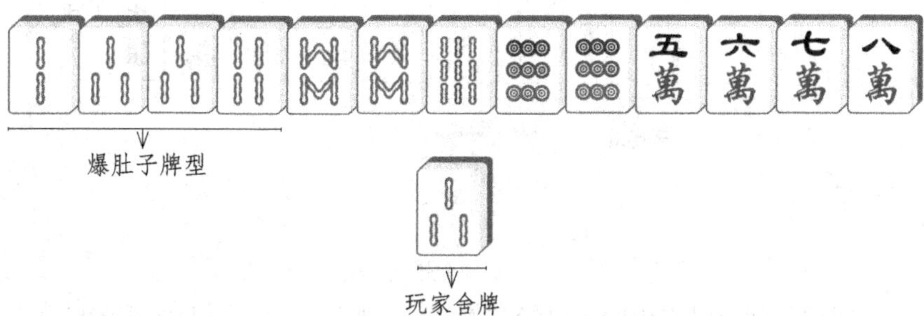

如果选择碰三条，可以先舍九条，当再次摸入三条后，才能和二条、四条组合成坎。但三条可能已经在其余玩家手中，即使还在牌墙中，自己摸入的希望非常渺茫，所以二条和四条能组合成坎的机会很少，最后不得不舍掉。也可以碰八条或九筒后，舍五万或八万，听嵌张三条。虽然可以听牌，但和牌的机会同样渺茫。

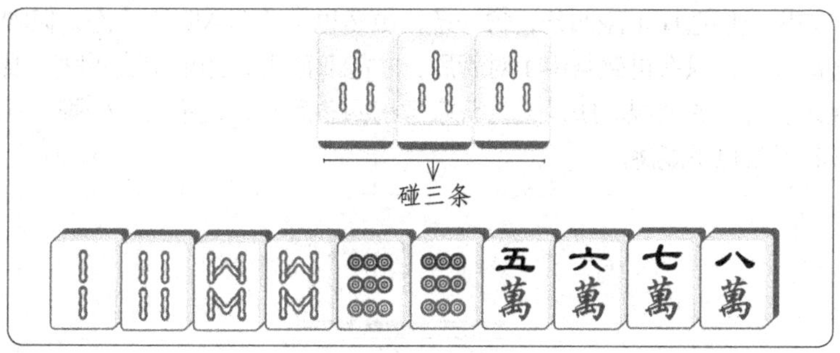

如果不碰三条，摸入一、二、三、四、五条，都能加快牌型组合，并且能组合出有利于和牌的牌型。所以当玩家舍出三条后，我们不应该碰牌。

实战三　3个对子相连时通常不碰

如果手牌中有3个相连的对子，当出现碰牌机会时，通常不要碰牌。因为三连对已经可以组合成2坎顺子，如果碰了其中1对牌，另外2对除非还能碰牌，否则将很难再组合成坎。甚至会出现因碰牌破坏了牌型，导致最终无法听牌。

例如，下图中手牌有三、四、五条的三连对，当有玩家舍出四条时，我们是否应该碰牌呢？

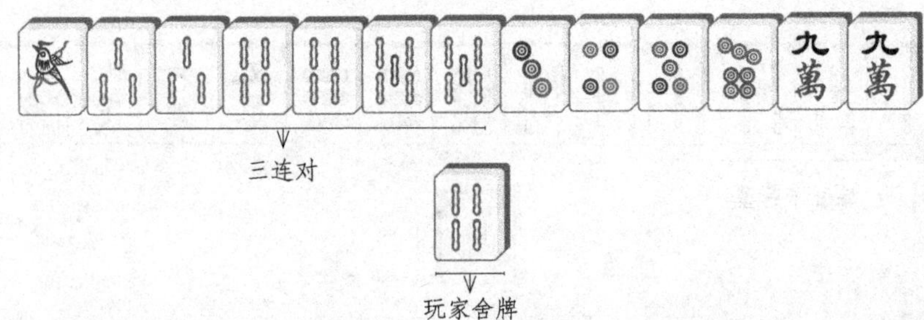

通过手牌可以看出牌面已经进入“一入听”状态，并且听牌的概率非常高。如果碰九万，舍一条或七筒，可以听单钓；如果摸入一条或七筒，可以双碰听，并且还有机会做七对；如果摸入二条，舍七筒，可以双面听三、六条；如果摸入三、六条，舍七筒，可听嵌张二条；如果摸入二、五筒，舍一条，可以听嵌张六筒；如果摸入六筒，舍一条，可三面听二、五、八筒；如果摸入八筒，舍一条，可两面听六、九筒；如果摸入九筒，舍一条，可以听嵌张八筒。

如果我们选择了碰四条，舍一条，虽然也是“一入听”状态，但牌型将完全被破坏，只有再碰其中1对牌后，才能双碰听，如果无法碰牌，很可能出现无法听牌的情况。所以，当玩家舍出四条后，我们不应该碰牌。同理，三条和五条也不能碰。

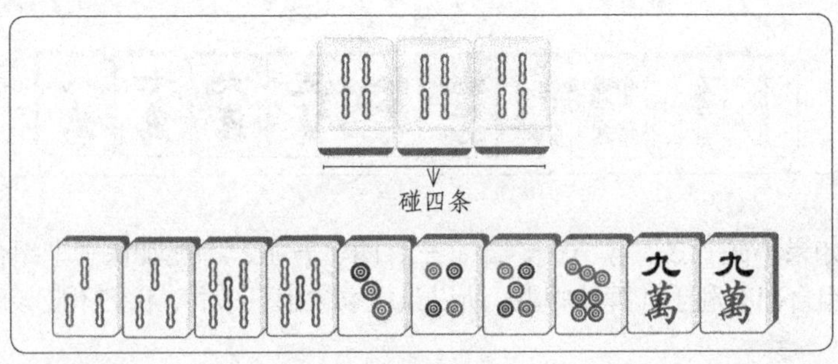

实战四　对子与两边可组合成搭子时不碰

如果手牌中的对子与左右两边的牌可组合成搭子，当玩家舍出与对子相同的牌时，通常不要碰牌。因为碰牌后将破坏搭子的组合，进而影响牌型的组合。

例如，下图中手牌有 1 对三万，当有玩家舍出三万时，我们是否应该碰牌呢？

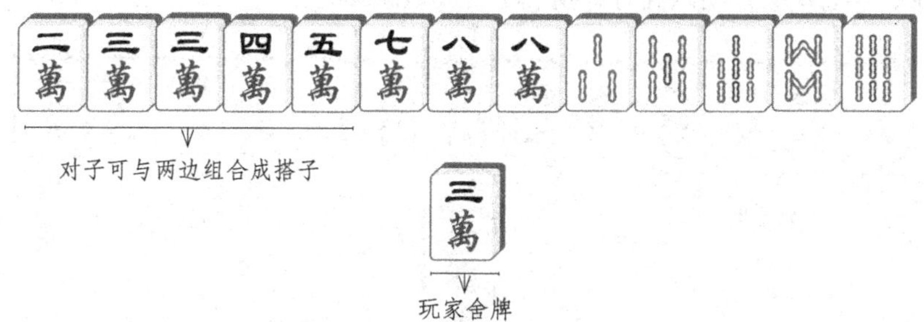

通过手牌可以看出万字牌较好，已经有二、三万的连搭牌，三、四、五万的 1 坎牌和七、八万的连搭牌，已经是“一入听”状态，只要摸入一、四万，舍七万，或者摸入六万，舍三万，都可听嵌张四条；如果摸入四条，还可以听一、四万或六万。

如果我们选择了碰三万，与三万组合的搭子将会被破坏，二万将变成单牌，只能舍出。只有摸入三、六万，才能听嵌张四条，或者摸入四条，舍七万，两面听三、六万。因为三万已经碰牌，再次摸入或出现的机会渺茫，碰三万后增加了听牌与和牌的难度，所以当玩家舍出三万后，我们不应该碰牌。

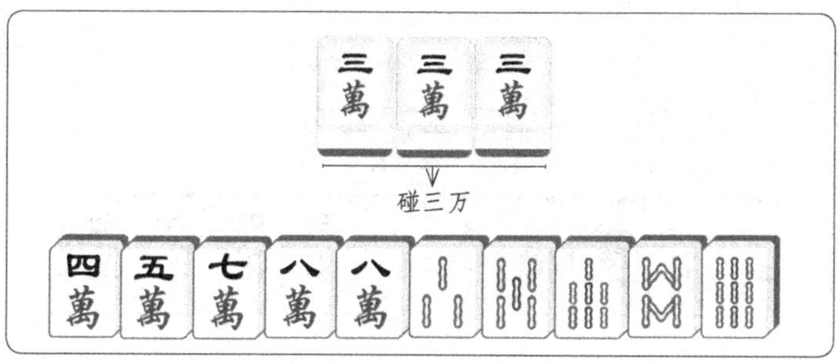

实战五　当对子是多张时通常不碰

当对子中的 1 张牌能与其他牌组成 1 坎牌时，另外 1 张牌就属于多张。如果手牌的对子是多张牌型，除非在盘初阶段，手牌还没成型时可以碰牌，否则不建议碰牌，因为碰了多张的对子后，被破坏的 1 坎牌再次摸入组合成坎的难度增加，并且碰牌后也限制了手牌的牌型变换。

例如，下图是盘中阶段的手牌情况，有 6 张筒子牌，其中六筒属于多张，当有玩家舍出六筒时，我们是否应该碰牌呢？

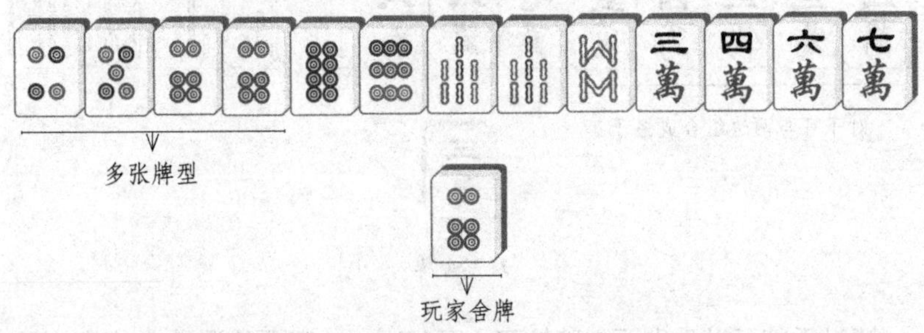

因为手牌还没有进入一入听状态，所以需要根据手牌快速组合，使其尽快听牌。当我们摸入三、四、五、六、七、八、九筒时，都可以根据手牌灵活组合牌型，并且听牌类型的选择也会更多。

我们如果碰了六筒，需要再次摸入三筒或六筒才能与四、五筒组合成坎，并且八、九筒的组合变换也受到了限制，只能与七筒组合成坎，根据舍牌的原则，我们会选择舍九筒，碰牌后牌型组合难度增加了。所以当玩家舍出六筒后，我们不应该碰牌。

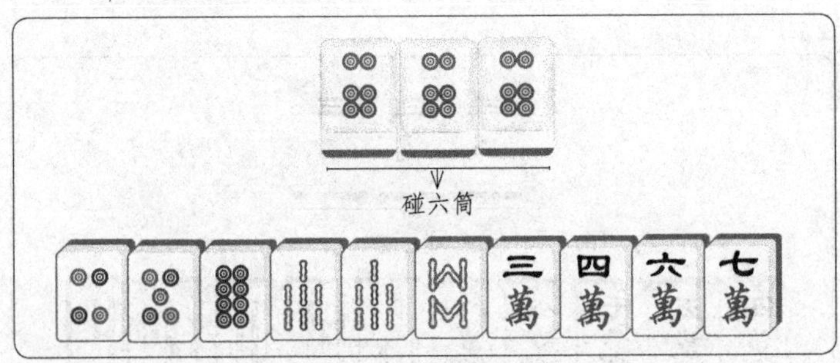

实战六　不能换更好的听牌类型时不碰

当我们手牌已经听牌，当有机会碰牌时，如果碰牌后不能换更容易和牌的牌，或者更好的牌型，就不要碰牌。

例如，下图是听牌后的手牌情况，双面听四、七筒，牌池中已经出现了 4 张九筒，当有玩家舍出六筒时，我们是否可以碰牌呢？

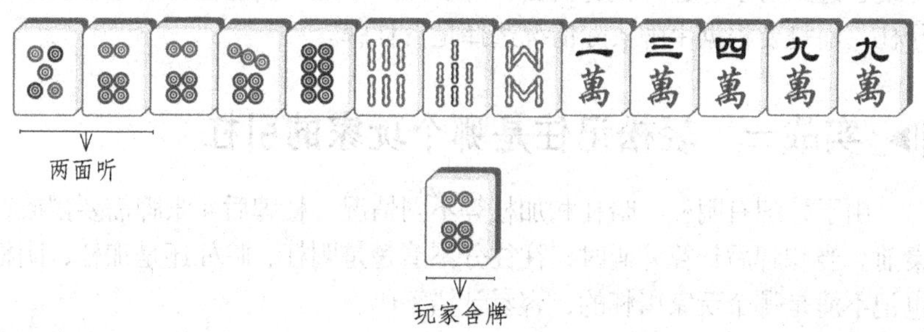

我们如果碰了六筒，只能舍五筒，双面听六、九筒，因为九筒已经全部出现，六筒也已经碰牌，只有 1 张六筒还没出现，所以碰牌后和牌的机会非常渺茫。除非四、七筒已经全部出现，和牌已经无望，否则不要碰牌。

下图是两面听牌型，由于已经碰了 2 坎牌，并杠了 1 坎。如果和五、八万，赢牌后筹码只比平和多 1 番。如果再碰了二万，根据牌池中舍牌情况留 1 张容易和牌的万字，和牌后筹码就会再增加 1 番。因此，如果有玩家舍出了二万，当六万或七万也还有机会和牌时，就应该碰二万。

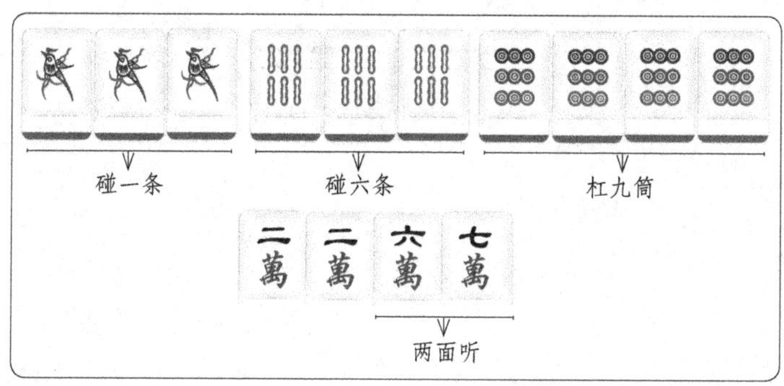

四、杠牌实战常用技巧

如果手牌中有杠牌，无论是明杠、暗杠还是加杠，和牌后都会增加番数，从而赢得更多筹码。在实际玩牌过程中，玩家总希望自己能摸到 3 张牌或者碰到对子，这样就有机会杠牌。但并不是只要能杠牌就毫不犹豫地开杠，而是要根据手牌实际情况选择是否杠牌。

实战一　轻松记住是哪个玩家的引杠

由于杠牌有明杠、暗杠和加杠等不同情况，杠牌后 4 张牌需要摆放在桌前。当和牌后计算筹码时，往往分不清楚是明杠、暗杠还是加杠，明杠也记不清是哪个玩家引杠的，容易计错筹码。

其实，我们可以不用去记杠牌的情况，杠牌后只需根据不同的类型变换杠牌的摆放方式，和牌后就能清楚知道杠牌的相关情况。

1）暗杠的摆放方式

如果手牌中已经有 3 张相同的牌，自己又摸到第 4 张牌后开杠，直接将杠牌推倒后，正常摆放到桌前即可。最后计算筹码时只要看见这种正常摆放的杠牌就清楚是暗杠，其余 3 家都需要支付相应的筹码。

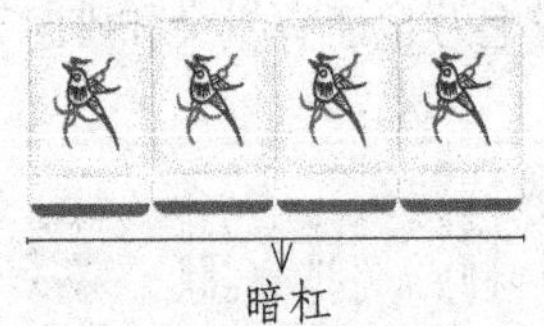

2）明杠的摆放方式

如果杠牌由玩家舍牌后开杠，可以根据玩家的位置方位来变换杠牌摆放的方式。即根据玩家的位置，将4张牌中的相应1张牌横着摆放，计算筹码时只要看见有横着摆放的杠牌，就知道是明杠，然后再根据横着摆放的那张牌确定具体由哪个玩家引杠。

如果杠牌由上家引杠，将杠牌最左边1张横着摆放。

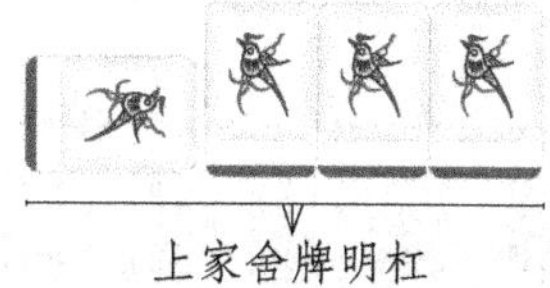

上家舍牌明杠

如果杠牌由下家引杠，将杠牌最右边1张横着摆放。

下家舍牌明杠

如果杠牌由对家引杠，将杠牌中间的1张横着摆放。

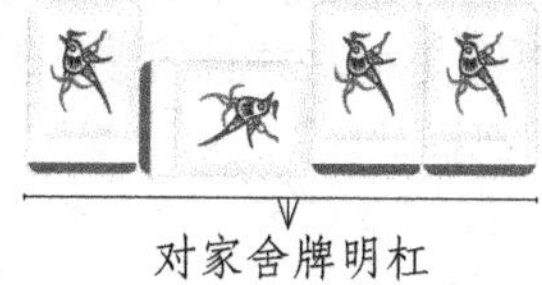

对家舍牌明杠

3）加杠的摆放方式

如果自己碰牌后，又摸到1张相同的牌可以加杠，摆放时可以将加杠的那张牌背面朝上顺着摆放即可。最后计算筹码时就清楚是加杠，其余3家都需要支付相应的筹码。

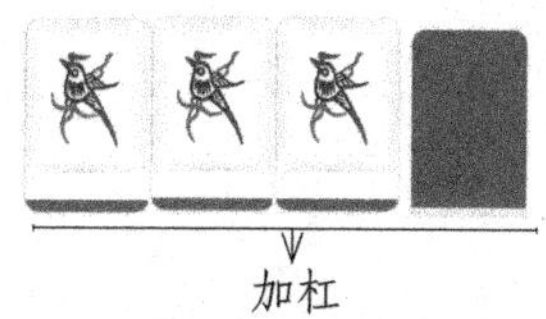

加杠

实战二　盘尾和牌希望渺茫的不杠

当我们的手牌已经听牌，如果有机会杠牌，但是杠牌后和牌的概率明显变小，这时需要慎重考虑。虽然杠牌后能收取相应的筹码，但是很可能导致最终无法和牌，收取的筹码反而减少。

例如，下图是盘尾阶段的手牌情况，牌墙中只有 4 墩牌。单钓两面听，可以和二、三、五万。当有玩家舍出四万时，我们是否应该杠牌呢？

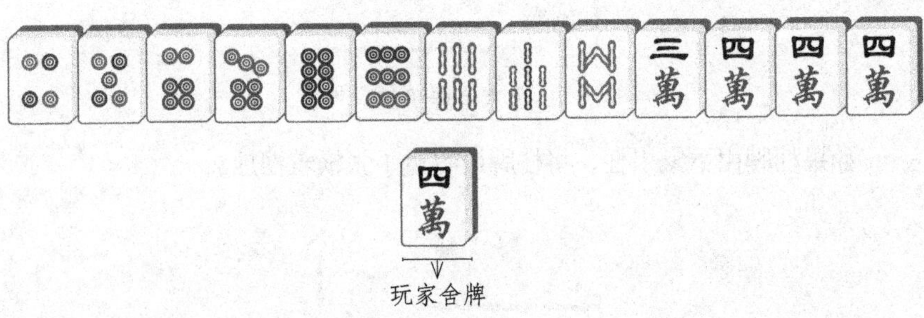

我们已经知道，如果不杠牌，可以和二、三、五万。如果杠四万，就只能单钓三万或单钓摸入的那 1 张单牌，如下图所示。因为是盘尾阶段，杠牌后和牌的概率明显变小，并且容易出现杠上炮，所以为了保险起见，杠牌并不是最优的选择。

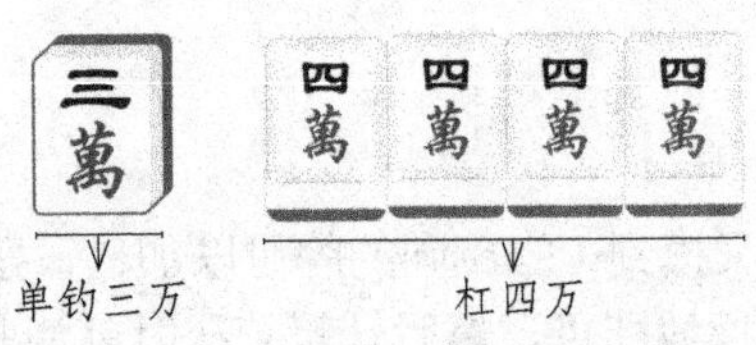

实战三 杠牌后反而不能听牌的不杠

我们在第二章中讲到如果杠牌后无法下叫，就不要杠牌。如果因为杠牌导致无法听牌，不但收不到杠牌的相应筹码，还要被查叫，并给其余玩家支付筹码，得不偿失。

例如，下图是盘尾阶段的手牌情况，两面听四、七筒，另外 3 家也已经听牌。当有玩家舍出六条时，我们是否应该杠牌呢？

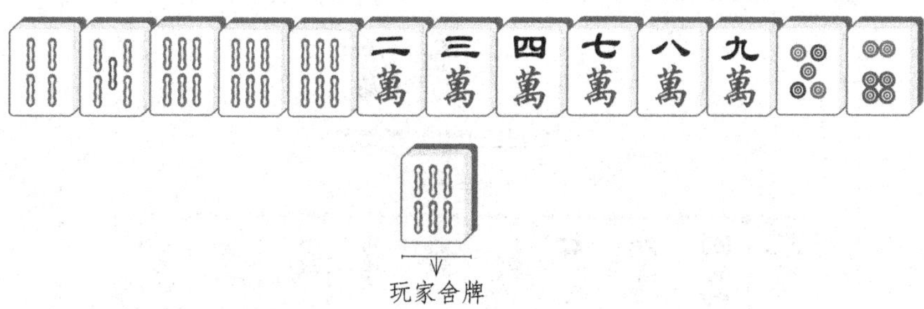

由于已经听牌，可以和四、七筒。如果杠六条，如下图所示，当摸入的牌无法与四、五条或者五、六筒组合成坎或对子时，就无法听牌。因为是盘尾阶段，其余 3 家都已经听牌，杠牌的风险太高，不但可能无法听牌，还有可能放炮，所以当玩家舍出六条时我们不应该杠牌。

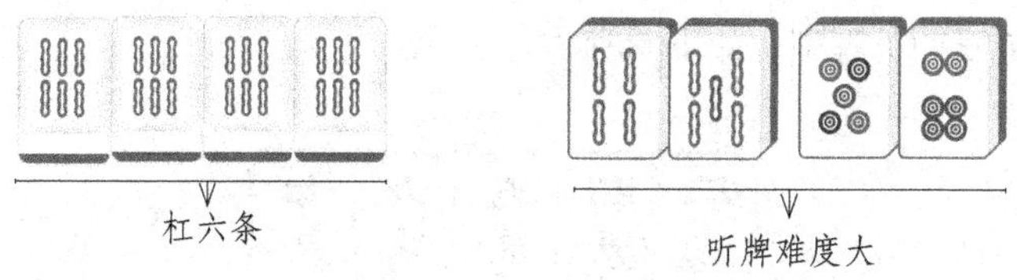

实战四　摸到加杠牌能听牌时不杠

如果已经碰了1坎牌，当摸到可以加杠的牌时，如果不加杠牌能听牌，就不要杠牌。因为加杠后会延缓停牌速度，甚至会出现无法听牌的情况，一旦无法听牌，不但收不到加杠的筹码，还要支付给已经听牌的玩家筹码。

例如，下图是盘中阶段的手牌情况，已经碰了五万，当摸到了1张五万后，我们是否应该加杠呢？

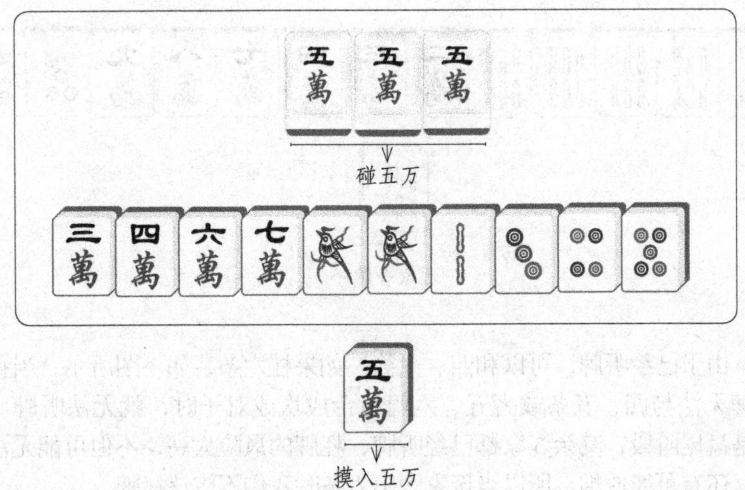

如果选择了加杠五万，只有摸入了二万或八万，舍二条才能听牌，摸入其他牌将无法听牌；如果不加杠五万，可以舍二条，三、四、五、六、七万组成三面听牌型，如下图所示。

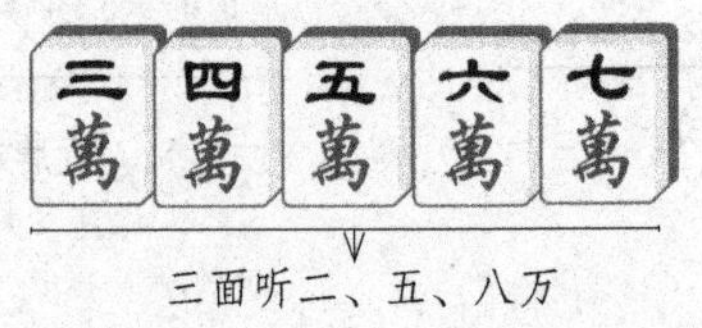

可以和二、五、八万，虽然4张五万都在自己手牌中，但是只要有玩家舍出二万和八万就能和牌，并且因为和牌后有4张五万，属于带根和牌，同样可以获得比平和更多的筹码，所以当摸到加杠牌能听牌时不用杠牌。

实战五　杠牌后延缓听牌速度的不杠

如果杠牌后明显会影响手牌的组合，延缓听牌的速度，就需要慎重考虑。如果是在盘初阶段，可摸牌的机会多，可以现在杠牌；如果是盘中或盘尾阶段，当杠牌会破坏手中的牌型组合时，为了能快速听牌，可以不用杠牌，或者根据手牌情况选择碰牌。

例如，下图是盘中阶段的手牌情况，处于“一入听”状态，当玩家舍出五筒后，我们是否要杠牌呢？

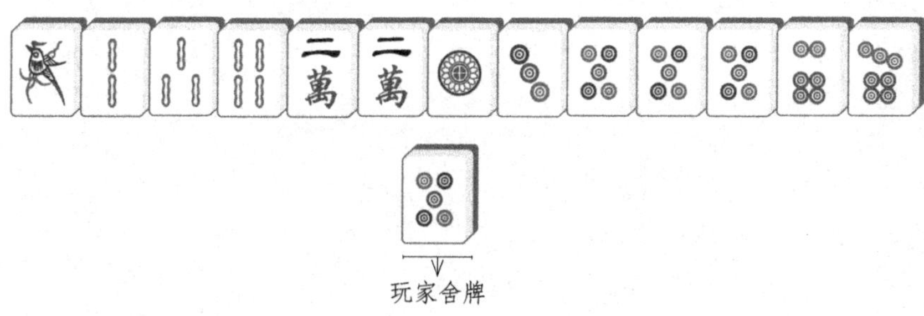

手牌已经处于“一入听”状态，如果摸入或碰二万或五筒，舍一条或四条就可以听嵌张二筒；如果摸入二筒舍一条或四条，双碰听二万和五筒；如果摸入八筒舍一条或四条，听嵌张二筒。

如果选择了杠五筒，将破坏原有的五、六、七筒的组合，当杠牌后摸入的牌不能与一、三筒或六、七筒组合成坎时，将很难听牌。如下图所示。

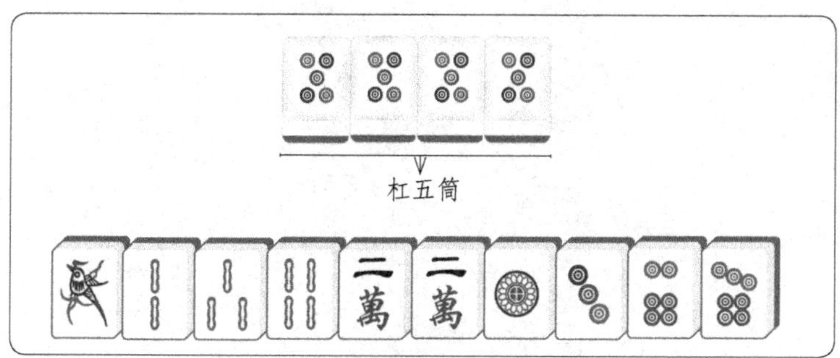

由于玩家舍出了五筒，我们只要碰五筒舍一条或四条，就可以进入听牌状态，从而加快了听牌速度，为赢牌获得更多机会。并且由于有 4 张五筒，和牌后属于带根和，同样可以收取相应的筹码。